Así se vive el clásico

Así se vive el clásico

Así duele, así se gana

Joel Ubieto

Papel certificado por el Forest Stewardship Council®

MIXTO
Papel
FSC® C117695

Penguin
Random House
Grupo Editorial

Primera edición: abril de 2026

© 2026, Joel Ubieto
© 2026, Penguin Random House Grupo Editorial, S. A. U.
Travessera de Gràcia, 47-49. 08021 Barcelona

Printed in Spain – Impreso en España

ISBN: 978-84-666-8411-8
Depósito legal: B-2.553-2026

Compuesto en M. I. Maquetación, S. L.
Impreso en Liberdúplex
Sant Llorenç d'Hortons (Barcelona)

BS 8 4 1 1 8

A quienes entienden que el fútbol no se ve: se vive.
Y que el clásico no se juega: se siente

Índice

Prólogo

Recuerdo pocas cosas en la vida que me hayan hecho vibrar tanto como ver ganar al equipo de mi corazón. Ya sea un partido cualquiera o una final inolvidable, esa alegría es difícil de transmitir con palabras. Pero en ese camino también hay amargura. Hay derrotas, hay silencios, hay momentos difíciles de digerir. Porque en el fútbol, como en la vida, no siempre se gana. No siempre se sonríe.

Y quizá sea eso lo que lo hace tan especial.

El primer clásico que recuerdo no fue una victoria ni una celebración ni una noche feliz. Fue un duro golpe, un aprendizaje que me acompañaría el resto de la vida. Sin duda, no era el primer clásico que veía —yo entonces tenía catorce años—, pero sí que fue el primer clásico que me hizo sentir. Fue el 19 de noviembre de 2005, en el templo más sagrado para los madridistas, el Santiago Bernabéu. Tal vez aún vivía con la inocencia de quien no conoce el verdadero dolor del fútbol. No recuerdo los clásicos anteriores, pero ese sí. Se me quedó grabado, aunque hayan pasado ya veinte años. Aquella noche, el F. C. Barcelona nos pasó por encima. Un 0-3 que dolió más por el cómo que por el cuánto. Porque ¿qué puede herir más que una goleada en tu propio estadio? Pues la forma en la que la hicieron.

Ronaldinho, con su sonrisa eterna y ese fútbol imposible, jugó como si el mundo estuviera hecho a su medida. Marcó dos goles, eludió con facilidad a todo el que se le opuso, y lo más impactante: fue ovacionado por todo el estadio. El Bernabéu, nuestro templo, se rindió ante el enemigo. Y con derecho, porque aquella noche no jugó un futbolista, jugó la magia.

Lloré. Con rabia, con impotencia, pero quedaba espacio para la admiración. Porque ese día entendí lo que era el clásico. No es solo un partido, es una experiencia que te rompe por dentro o te eleva a emociones inexplicables. Una batalla emocional que no logras comprender, en la que todo se multiplica: la alegría, el dolor y el sufrimiento.

Ese día, Ronaldinho se convirtió en mi jugador favorito. El mejor que he visto nunca. Si hubiera querido ser eterno, lo habría sido. Pero este libro no trata sobre él, sino sobre los clásicos. Los que duelen, los que nos hacen sufrir, pero también los que se celebran y los que nos cambian a lo largo de los años.

Porque si algo aprendió esa noche aquel niño de catorce años, es que en estos partidos no hay espacio para la indiferencia. El clásico no se juega, se pelea. Es una herida o una cicatriz, un lugar al que volvemos una y otra vez, aunque sepamos cómo acaba.

Aquí quiero contar cómo los viví. Cómo los sufrí. Cómo grité. No desde la neutralidad a la que estáis acostumbrados en mí, sino desde el corazón madridista que late en cada línea.

Y si todo empieza en algún sitio, para mí fue ahí, en aquel 0-3 que lo cambió todo.

1
La ovación del Bernabéu

No fue el primer clásico que vi, de eso estoy casi seguro. El fútbol ha formado parte de mi vida desde que tengo memoria, y desde niño lo he seguido con la pasión de quien siente que el balón no solo rueda, sino que late. Pero sí que fue, sin duda, el primero que me marcó. Aquel partido quedó grabado en mí como una herida que, con los años, se convirtió en recuerdo. Han pasado veinte años y todavía lo revivo como si hubiera sido ayer.

Era el primer clásico de la temporada 2005/2006.

Alineaciones titulares

Real Madrid (4-2-3-1)
Casillas; Salgado, Sergio Ramos, Helguera, Roberto Carlos; Beckham, Pablo García (relevado por Baptista en el minuto 66); Robinho, Raúl (sustituido por Guti en el 57), Zidane; Ronaldo.

F. C. Barcelona (4-3-3)
Valdés; Oleguer, Puyol, Márquez, Van Bronckhorst; Edmílson, Xavi, Deco; Ronaldinho, Lionel Messi (relevado por Iniesta en el minuto 70), Samuel Eto'o.

Goles

Eto'o — min 14
Ronaldinho — min 59
Ronaldinho — min 77

19 de noviembre de 2005, jornada 12 de una liga que había empezado con serias dudas para ambos equipos pero que, poco a poco, los había devuelto a lo más alto. El F. C. Barcelona llegaba al encuentro como líder de la Liga con 22 puntos. Pero no estaba solo. Sentía el aliento del Real Madrid en la nuca, como ese defensa que no te deja girarte, que te susurra al oído que tu gran noche no será tan fácil. El Madrid iba segundo, con 21 puntos. Solo un punto de diferencia. Una noche por el liderato en una de las ligas más exigentes del mundo. Un clásico con aroma a final... en pleno noviembre.

Más allá de la clasificación, más allá del momento de cada equipo, el ambiente respiraba tensión. Una tensión ya conocida de otros clásicos, pero con algo distinto, casi imperceptible, en el aire. Algo que prometía que esta vez no sería un partido más. Porque hay encuentros que no se olvidan, hay partidos que te señalan el camino. Y este era uno de ellos.

¿Cómo es posible que un clásico de noviembre pudiera decidir una liga? Porque hay noches que pesan. No tanto por lo que está en juego, sino por lo que representan. Jerarquía, respeto, orgullo; el fútbol no siempre se explica con números. Este clásico, en especial, hablaba otro idioma: el de las emociones.

Fue un clásico repleto de estrellas, de nombres tan grandes que aún hoy, dos décadas después, resuenan como si aquella noche estuviera congelada en el tiempo. El Real Madrid saltó al campo con leyendas eternas: Raúl González, Robinho, Zidane, Ronaldo Nazario, Roberto Carlos, Iker Casillas, David Beckham… y un joven Sergio Ramos que, por entonces, aún no sabíamos lo importante que llegaría a ser en la historia del club.

Enfrente, el F. C. Barcelona se presentaba con un tridente que imponía solo con nombrarlo: Ronaldinho, Deco y Eto'o. Una delantera sonora, poderosa, que ya intimidaba al escucharla. Pero no estaban solos, en ese equipo también jugaba un chaval tímido y zurdo llamado Lionel Messi. Aún era una promesa, pero el mundo estaba a punto de descubrir que él cambiaría la historia del fútbol para siempre.

Recuerdo perfectamente dónde estaba aquella noche: en casa, sentado en el sofá junto a mi padre y mi madre, listos para vivir un clásico que creíamos que podíamos ganar. Teníamos la ilusión intacta. Sabíamos que una victoria nos colocaría dos puntos por encima del F. C. Barcelona y nos daría un golpe de autoridad en una liga que prometía ser tan dura como emocionante. El Real Madrid llegaba con una plantilla poderosa, llena de nombres legendarios. En aquel momento, sentíamos que por jerarquía y talento íbamos un paso por delante…, aunque el juego acabaría demostrando otra cosa.

La retransmisión comenzaba como siempre: imágenes del calentamiento, los rostros serios y el murmullo del Bernabéu expectante. A diez minutos de las nueve de la noche, ambos equipos desaparecían en el túnel de vestuarios, listos para las últimas instrucciones. Era el ritual previo a una batalla de fútbol. En apenas unos minutos saldrían al césped con las armaduras.

El Real Madrid, con su camiseta blanca impoluta: la de siempre, la de Adidas, con el icónico patrocinio de Siemens estampado a la altura del estómago. Una camiseta que a mí me huele a grandes noches europeas, a remontadas, a historia. El F. C. Barcelona, con una camiseta blaugrana de rayas verticales más finas de lo habitual, con el escudo bordado a la izquierda, cerquita del corazón, y el parche de TV3 en la manga izquierda. Unos detalles que hoy me vienen como flashes grabados en la retina.

Antes del pitido inicial, ambos equipos formaron en la clásica línea para saludar a la afición. Recuerdo especialmente el momento final del protocolo: Ronaldinho y Ronaldo Nazario se fundieron en un abrazo fraterno. Compatriotas, ídolos de Brasil, dos magos del balón que se respetaban profundamente. Fue un gesto simple, pero cargado de significado. Aquel abrazo entre dos genios fue el preludio perfecto de una noche inolvidable…, aunque no como yo habría querido.

Vi sonreír a Ronaldinho más de lo habitual. No era una sonrisa cualquiera, sino esa clase de sonrisa que esconde certezas. ¿Era consciente de la noche que nos esperaba? Parecía ser el único que lo sabía. Como si, desde el calentamiento, ya intuyera que aquel partido iba a dejar su nombre grabado en la historia del clásico.

Mientras escribo estas líneas, hay un detalle que regresa a mi memoria con nitidez, uno de esos momentos que parecen menores pero que se te quedan grabados por lo extraño, por lo anecdótico: antes de que comenzara el partido, Iturralde González —el árbitro del encuentro— tuvo que suspender el inicio durante unos minutos. Un espontáneo había saltado al césped. Llevaba una *barretina*, ese gorro de lana rojo en forma de bolsa, típico de la cultura catalana. Por aquel entonces, las cámaras aún enfocaban a este tipo de personajes, lo que hoy en día ya está prohibido para no fomentar tal tipo de conductas. Buscan atención, y la mayoría de las veces se les da más de la que realmente merecen.

Aquel retraso no hizo más que aumentar la tensión. El partido aún no había empezado, pero todo parecía anunciar que no sería una noche más. Y no lo fue.

El partido comenzó con una intensidad descomunal. Apenas habían transcurrido cuatro minutos y ya se habían visto entradas dignas de un entrenamiento espartano. Tal intensidad solo se respira en los clásicos, partidos en los que no se juega solo al fútbol, sino que también compiten el orgullo, el escudo y el territorio emocional. La rivalidad que se palpa en estos duelos no es comparable a nada.

La primera gran ocasión sería para el F. C. Barcelona. Eto'o, siempre eléctrico, encaró a Sergio Ramos en una jugada que olía a peligro. El joven defensa, todavía sin la experiencia que lo definiría años después, estuvo al borde de cometer un penalti. Pero el camerunés logró escaparse, y aunque el ángulo era forzado, sacó un disparo de puntera que se fue rozando el lateral izquierdo de la portería defendida por Iker Casillas. Un aviso. Solo un aviso.

Pocos minutos después, llegaría el golpe. El primero de una serie que cambiaría el curso de aquella noche. Leo Messi arrancó desde la banda derecha, con esa conducción baja y pegada al pie, que años más tarde nadie sabría detener. Pero en esa jugada no sería él el protagonista. En su camino apareció Eto'o, que le arrebató el balón en la frontal del área como si fuera un defensa más. En medio de la confusión, se giró con la velocidad de un relámpago —como si el gol estuviera escrito— y, sin pensarlo, disparó raso y seco. Ningún defensor pudo taparlo, y Casillas, sorprendido, no llegó a reaccionar. El balón besó la red.

Minuto 14. El Santiago Bernabéu enmudecía. Gol de Eto'o. 0-1 para el F. C. Barcelona.

Eto'o, ese jugador que había empezado en el Real Madrid, pero que había sido descartado sin contemplaciones. Se fue al R. C. D. Mallorca, creció, explotó… y volvió con una misión: cobrarse una deuda personal. Nos la tenía jurada. Y esa noche lo demostraría con creces. Eto'o llegaba al clásico con diez goles en once partidos de Liga. Estaba intratable.

La intensidad no disminuía ni un segundo. Ambos equipos seguían jugando al límite. Recuerdo que, sobre el minuto 29, Leo Messi marcó un auténtico golazo a la escuadra, de esos que dejaban atónito incluso a un portero como Iker Casillas. Pero, por suerte, estaba en fuera de juego. El Bernabéu respiró aliviado. Aún había esperanza. «Somos el Real Madrid y jugamos en casa», decía yo desde el sofá. «Ahora es el momento, hay que marcar un gol antes del descanso. Los tenemos», me repetía mi padre. Mi madre, en cambio, sentía que la gesta no sería tan sencilla. Atenta al partido, ya había advertido de que el Barcelona había avisado muchas veces. Y tenía razón: ese fuera de juego era de un metro. Un metro que nos había salvado del 0-2.

Y no se equivocaba. Cinco minutos más tarde, Messi tuvo su ocasión más clara de toda la primera parte. Se plantó en el borde del área con una facilidad pasmosa, eléctrico, y sin pensarlo dos veces, disparó con todas sus fuerzas seco a portería; y ahí apareció el Iker de las grandes noches, el Iker que por aquel entonces se encontraba entre los mejores porteros del mundo. Estiró el brazo y evitó el segundo del Barça. Fue una parada que mantuvo viva la llama blanca.

El Real Madrid, en esa primera parte, tuvo muy poco el balón. El asedio era constante. El Barça dominaba, tocaba, presionaba, mordía. Y nosotros sufríamos. Mucho. Sergio Ramos tenía la tarea imposible de frenar al mejor jugador del mundo en ese momento: Ronaldinho. Aunque el brasileño no brilló tanto en esos primeros 45 minutos, dejó destellos de su magia. Cada vez que tocaba el balón, el estadio contenía la respiración.

Justo al borde del descanso, minuto 45, Messi volvió a sacar un pase que se convertiría en marca de la casa en años futuros. Filtró el balón con precisión milimétrica a Eto'o, que quedó solo frente a Casillas. El derechazo del camerunés iba directo a gol, pero Iker voló para sacar una mano abajo y evitar, de nuevo, el 0-2.

Se oía su grito. Casillas pedía más. Pedía compromiso, alma, orgullo. Él, que lo ve todo desde atrás, sabía que el rival estaba firmando una actuación colosal.

El pitido del árbitro marcó el final de la primera parte. Los jugadores del Barça se retiraban hablando entre ellos, concentrados. Los del Real Madrid, en cambio, se marchaban en silencio. Rostros serios. Sabían que, si no cambiaban muchas cosas…, aquella noche se les iba a escapar.

Recuerdo que en la media parte hablé con mis padres y lo veía todo muy negro. Sin embargo, seguíamos siendo el Real Madrid, un equipo que necesita muy poco para hacer mucho daño. Y aunque el F. C. Barcelona había dominado claramente la primera parte, todavía sentía que la remontada era posible. Es algo que solo un madridista puede entender. Hay noches, hay partidos, hay gestas... que son inexplicables. Simplemente suceden.

Empezó la segunda parte... y la historia seguía igual. El Barça atacaba con todo, y el Madrid resistía como podía. En el minuto 55, Leo Messi volvió a tener otra oportunidad clarísima. Esta vez, algo escorado en el lateral derecho del área, se plantó solo ante Casillas. Disparó con la pierna menos hábil intentando cruzarla... y otra vez apareció san Iker. Otra parada más, una de esas que valen oro. Una de las que mantienen vivo a un equipo.

Si hablamos de duelos individuales, esa noche Iker Casillas ganó claramente a Leo Messi. Entonces el joven argentino lo intentó todo, pero no hubo forma. Claro, luego llegarían los años en los que Messi le devolvería esos golpes. Le marcaría unos goles inolvidables. Lo haría sufrir. Lo haría sangrar. Pero esa noche..., esa noche fue para Iker.

El partido seguía 0-1 y la sensación era que Casillas nos mantenía en pie. Pero llegó el minuto 59 y, con él, el principio del fin. Porque Ronaldinho decidió que ya estaba bien, que había que acabar con aquello, que era el momento de firmar una obra de arte.

Le llegó un balón desde la defensa. Lo controló y arrancó en conducción con una velocidad que hasta entonces no había mostrado. Parecía que se activaba, que algo dentro de él le decía: «Ahora sí». El primer defensa en salirle al paso fue Sergio Ramos, todavía un joven central que ya prometía grandeza. Pero Ronaldinho lo dejó sentado con un simple gesto técnico; así, sin más, como si fuera un cono de entrenamiento. Lo eliminó con una facilidad insultante.

Siguió su carrera por la banda izquierda. Imparable. Vertical como un cuchillo. Entró en el área. Allí le salió Helguera, último obstáculo antes del desastre. Pero no pudo hacer nada. Ronaldinho, con un recorte seco de cintura hacia dentro, se lo quitó de encima. Ya estaba. Ya lo veías venir. No había cargado la pierna aún, pero sabías que eso iba a acabar dentro.

Iker, que hasta entonces había sido nuestro ángel de la guarda, se quedó clavado. Disparo al primer palo. Golazo. 0-2. Y lo peor no fue el gol. Lo peor fue la sensación de que lo había hecho sonriendo, como si se encontrara en un recreo, como si estuviera jugando contra niños.

Así jugaba Ronaldinho. Siempre feliz. Siempre divirtiéndose. Y esa noche, en nuestra propia casa, nos estaba humillando con alegría.

Tras ese 0-2, inexplicablemente, el Real Madrid se activó. No sé si fue el orgullo herido o la sensación de que estaban profanando nuestro templo..., pero algo nos hizo despertar. Empezamos a tener ocasiones. El equipo empujaba. Incluso le anularon un gol a Ronaldo Nazario por un fuera de juego muy justo; pero fuera de juego, al final.

Y cuando mejor estábamos..., volvió a aparecer el que nunca se había ido.

Calco de su primer gol: Ronaldinho, balón en los pies, arrancando desde la izquierda. Otra vez, Ramos como víctima. Y no lo culpo. Nadie paraba a Ronaldinho en ese estado de gracia. Sergio era joven, estaba creciendo. Esa noche le tocó bailar con el más difícil. ¿Qué habríamos hecho nosotros? No quiero ni pensarlo.

Volaba por la banda como si no llevara el balón. Llegó al área. Y cuando parecía que ya no tenía ángulo, que solo le quedaba disparar con la izquierda..., giró el cuerpo con una sutileza mágica y colocó el balón al segundo palo. Pase a la red. Golazo. Inesperado. Imposible. Casillas, inmóvil, con las manos en la cintura, se decía a sí mismo: «No puede ser...».

Minuto 77, 0-3. Y entonces ocurrió lo que solo ocurre en noches históricas. El Santiago Bernabéu se puso en pie y ovacionó a Ronaldinho. Aplaudió al enemigo. Aplaudió el arte. Aplaudió el fútbol. Dolía, pero se entendía.

Yo, en el sofá, con los ojos vidriosos, no sabía si lloraba de impotencia o de emoción ante un gesto tan deportivo del madridismo. Cuesta ver cosas así en este deporte. Mientras mi padre maldecía la actitud de algunos jugadores, yo me rompí. Lloré. Lloré porque sentí que esa noche no solo habíamos perdido un partido..., habíamos perdido la Liga.

Mis padres intentaban consolarme: «El fútbol es solo fútbol». Pero no, no lo es. No puedo explicar lo que sentía, porque hay cosas que no se explican: se sienten, se viven.

Y si tú estás leyendo esto, probablemente seas un amante del fútbol como yo. Y seguro que, en el fondo, sabes exactamente de lo que hablo.

La vuelta, en el Camp Nou, en la jornada 31, terminó en empate: 1-1. Pero daba igual, aquel Barcelona ya volaba. Ganó la Liga con doce puntos de ventaja. Yo lo supe aquella noche en el Bernabéu, cuando el estadio entero se levantó para ovacionar a Ronaldinho, y algo me decía que lo peor aún estaba por venir.

Esa noche terminó con lágrimas, impotencia y una ovación tan atronadora que todavía resuena en la memoria del fútbol. El Bernabéu, templo sagrado del madridismo, se puso en pie para aplaudir a Ronaldinho y al Barcelona. Fue un reconocimiento al arte del rival, sí, pero también la señal inequívoca de que el Real Madrid necesitaba reaccionar, de que estaba obligado a cambiar de actitud. Aquella derrota no solo dolió en el marcador, dolió en lo más profundo del orgullo. Y, sin embargo, este club tiene algo que lo distingue de todos los demás: siempre vuelve, siempre golpea de nuevo, siempre busca revancha. A este equipo lo define una sentencia eterna: «Nunca des por muerto al Real Madrid».

La revancha se hizo esperar, pero al fin llegó. Tres años después, el destino nos regaló una de esas escenas que quedan grabadas para siempre: el F. C. Barcelona, obligado a hacerle el pasillo al Real Madrid en el Santiago Bernabéu. Un pasillo que no fue solo un gesto de respeto, sino la prueba de que la historia había cambiado de manos, al menos por un tiempo. Si en 2005 el Bernabéu se había rendido ante el rival, en 2008 fue el rival quien tuvo que rendirse ante los blancos.

Curiosidades

☺ Fue una de las victorias más abultadas del F. C. Barcelona en el Santiago Bernabéu en las últimas décadas.

☺ El Real Madrid encajó tres goles en casa contra el Barcelona por primera vez en más de una década.

☺ Ese día la afición del Real Madrid se puso de pie para aplaudir a Ronaldinho tras su actuación magistral, uno de los aplausos más recordados en la historia de los clásicos, algo especialmente inusual en el feudo madridista para un jugador rival.

☺ Ronaldinho era entonces considerado uno de los jugadores más espectaculares del mundo y poco después sería elegido Balón de Oro y Jugador Mundial de la FIFA, con actuaciones como esa consolidando su estatus.

☺ La victoria formó parte de una temporada en la que el Barça dominó con autoridad, encadenando una racha de victorias que lo consolidó como uno de los equipos más potentes de Europa en ese ciclo y que le hizo ganar la temporada 2005/2006.

☺ La ovación a Ronaldinho en el Bernabéu fue tan icónica que con el paso del tiempo ha sido conmemorada en numerosos programas y entrevistas, y es uno de los momentos más recordados de Ronaldinho con la camiseta blaugrana.

☺ El partido tuvo dominio de posesión del Barcelona, que también destacó con un mayor número de tiros a puerta, reflejando el control territorial del conjunto visitante.

2
El clásico del pasillo de los valientes

La temporada 2007/2008 cerraría con broche de oro un gran momento para el Real Madrid que nos permitiría olvidar aquel fatídico 19 de noviembre de 2005, cuando un 0-3 nos había obligado a resignarnos ante el espectacular juego de nuestro eterno rival. Solo una temporada después, volvíamos a ser campeones, recuperando lo que nos habían arrebatado con tanta crueldad. Y antes siquiera de acabar de festejarlo, se plantaba la siguiente temporada, que prometía ser aún mejor.

Por aquel entonces yo tenía diecisiete años y, como todos los madridistas, sentía que esa Liga no era un trofeo más, sino que se hacía justicia por aquel horrible 2005; suponía un orgullo ante una humillación imborrable y era una redención, porque este equipo nunca se rinde... Curiosamente, fueron ellos quienes nos enseñaron lo que significa resistir.

El 4 de mayo de 2008 habíamos ganado en Pamplona al Osasuna en un partido que había sido una auténtica batalla. No quiero detenerme demasiado en cada detalle porque acabo de abrirme en canal relatando unos momentos difíciles para cualquier madridista, pero sí que merece un espacio especial en el libro. Apenas dos días antes, había cumplido diecisiete años y ahora el Real Madrid me regalaba uno de los partidos más importantes del año. Ganar en Pamplona nos convirtió en campeones matemáticos de la Liga incluso antes de enfrentarnos al F. C. Barcelona, y eso nos aseguraba que deberían rendirnos homenaje con el famoso pasillo en nuestra casa, en el mismo estadio que habían profanado apenas dos años atrás.

Los últimos minutos del partido contra el Osasuna fueron una montaña rusa de emociones. Con 0-0 en el marcador, el minuto 83 trajo un golpe que parecía casi definitivo: el árbitro, Luis Medina, señaló un penalti a favor de nuestros oponentes, y Patxi Puñal lo transformó poniendo el 1-0 en nuestra contra a falta de siete minutos. Todo parecía indicar que deberíamos jugarnos el campeonato ante nuestro rival, el Barça; sin embargo, el partido aún no había terminado. Cinco minutos después, Arjen Robben empató de testarazo tras un centro de Gonzalo Higuaín, y solo dos minutos más tarde, en el 90, Higuaín firmaba el 1-2 definitivo con asistencia de Sergio Ramos. La victoria nos coronaba como campeones matemáticos, y la euforia recorrió cada rincón de mi habitación. Ese día no solo celebrábamos una Liga: celebrábamos justicia, orgullo y revancha.

Tres días después, el 7 de mayo de 2008, el F. C. Barcelona visitaba nuestro estadio para un clásico que, en la tabla, ya no significaba nada. Y aunque los puntos no importaran, la sensación que deja un partido así lo es todo; estos encuentros se juegan para ganarlos siempre, aunque no haya aliciente de por medio.

Los blancos aventajaban en catorce puntos a los culés, que atravesaban una grave crisis: malos resultados, tensiones internas y el ciclo de Rijkaard ya agonizante. Era el momento de ajustar cuentas, de cerrar las heridas abiertas años atrás…, aunque, claro, todavía había que ponerlo en escena. Si tu eterno rival está herido, no lo ayudas, no lo levantas…, lo rematas. Hablando deportivamente, claro. Ellos nunca han sido amables con nosotros. Y si en alguna ocasión lo han parecido, ha sido una amabilidad fingida, forzada, nacida del sentimiento de superioridad que siempre han querido imponer sobre el

Real Madrid. Cuando han tenido oportunidad de hacernos daño, lo han hecho sin dudar. Mientras escribo estas líneas, recuerdo muchos años en los que la camiseta blanca se tiñó de rojo por las heridas que nos infligía el F. C. Barcelona.

Pero volvamos al principio de ese día, justo antes de comenzar el clásico. El pasillo esperaba. Los blaugranas tenían que rendir homenaje al campeón. Yendo terceros y sin opciones de luchar por el título, salieron con su camiseta local —esta vez, con franjas más anchas y el famoso UNICEF como patrocinador en el pecho—. Cada vez que veo ese logo, me viene a la cabeza aquella rueda de prensa en que Mourinho decía: «No sé si es por la publicidad de UNICEF... o por el poder del señor Villar en la UEFA... o si son muy simpáticos». Pero ya llegaremos a ese momento, no corramos tanto.

Ahí donde lo había dejado... Sí, la salida de los jugadores del F. C. Barcelona del túnel de vestuarios. Entre ellos, el conjunto arbitral liderado por Alfonso Pérez Burrull y, uno a cada lado, Carles Puyol con el brazalete de capitán y Xavi Hernández como segundo capitán. Ellos lideraban la marcha hacia el terreno de juego, donde se dispondrían a formar, banda a banda, el pasillo que todos conocemos.

Con su salida, llegaron los silbidos desde la grada. Podría ser debido a la humillación de 2005, pero creo que es algo ya establecido: entre el Real Madrid y el F. C. Barcelona hay mucha rivalidad y, a veces, un odio desmedido.

No lo comparto, ojalá fuera distinto, pero es la esencia del fútbol. Compartir victorias nunca resulta fácil.

Sin embargo, incluso entre silbidos, aquel gesto tuvo un poder simbólico innegable: el Real Madrid estaba de vuelta, y no había quien lo detuviera.

Tras la formación de los jugadores del conjunto blaugrana, salieron los del Real Madrid. Cabeza alta, orgullo intacto y respeto ante el rival. En estos momentos es cuando uno ha de recordar la deportividad: ni el Barcelona se había negado a sucumbir ante aquella humillación en el Santiago Bernabéu ni el Real Madrid se prestó a burlarse de ello. Bueno, salvo dos excepciones: Deco y Eto'o, que habían forzado la amarilla en la jornada anterior para no tener que visitar el coliseo blanco y ser protagonistas de aquella noche.

Raúl González lideró la salida hacia el medio campo, con la camiseta blanca impoluta que nos caracteriza, franjas moradas en los laterales de las mangas, número y nombre en morado, el color que se asocia a la casa consistorial de Chamartín, distrito de Madrid. En el brazo izquierdo lucía el brazalete negro con el escudo del club. El nuevo patrocinador, Bwin, reemplazaba al histórico Siemens, dejando otra marca en la memoria de la afición. Tras el capitán, seguían Sergio Ramos —con una *vendetta* personal contra aquel equipo—, Pepe y el resto de los jugadores.

Recuerdo una famosa foto tomada desde atrás, con Puyol observando, Raúl ya en medio del pasillo y Sergio Ramos dándole la mano al entonces capitán de la selección española. Ese verano, ambos ganarían juntos su primera Eurocopa. ¿Cómo no iban a respetarse?

Y yo, sentado frente al televisor, sentía una mezcla de euforia y complicidad: no era solo un clásico, sino la reivindicación de todo lo que habíamos sufrido años atrás. Cada jugador blanco desfilaba ante nosotros, desde Casillas hasta Robben, Raúl y Guti, mientras que en la memoria seguían las ovaciones a Ronaldinho en 2005. Esa noche, el papel se invertía: ahora éramos los que imponíamos respeto, los que obligábamos al rival a rendirse...

En el Real Madrid, Bernd Schuster sorprendió al sentar en el banquillo a Higuaín y a Robinho —claros titulares de aquel equipo por aquellas fechas—, a pesar de ser un partido contra el F. C. Barcelona. Aun así, el equipo contaba con nombres de peso: Casillas, Sergio Ramos, Marcelo, Robben, Van Nistelrooy y Raúl González, capitán y alma del equipo.

Por su parte, Rijkaard tuvo que prescindir de varias figuras clave del Barcelona. Ronaldinho, lesionado semanas antes por un desgarro fibrilar, se perdió el tramo final de la Liga; Deco y Eto'o habían forzado esa tarjeta amarilla para cumplir la sanción y no disputar el encuentro. Así, el Barça salió con lo que tenía: Thierry Henry, Bojan y Lionel Messi.

Atentos a Messi: aunque el Barcelona acabó sucumbiendo ante el equipo de la capital, el joven argentino dejó destellos de su magia que hicieron temblar la portería de Iker Casillas y obligaron al portero a desplegar toda su grandeza. Por aquel entonces, Casillas aún parecía capaz de imponerse en prácticamente todos los duelos, pero incluso él debía rendirse ante los momentos de genialidad que anticipaban lo que Messi llegaría a ser.

El encuentro comenzó tal como se esperaba: un F. C. Barcelona herido y hundido, frente a un Real Madrid rebosante de confianza que amedrentaba al rival y lo encerraba en su área. Desde casa, la sensación era clara: ese día no solo íbamos a ganar, íbamos a aplastar al Barcelona en nuestro templo. Esa es la actitud que tanto venero: jugadores que acababan de coronar la Liga, que apenas tres días antes habían sudado cada balón en Pamplona, parecían ahora descansar desde la eternidad. Qué estado de forma, qué intensidad... Cada acción dejaba claro que, aunque la Liga ya estuviera sentenciada, esa era la oportunidad de golpear la moral del Barcelona, de devolverles aquel duro golpe de 2005, en el mismo escenario, en su feudo.

El Real Madrid no cesaba en sus ataques, y Víctor Valdés ya intuía lo que estaba por venir. Tras una sucesión de arremetidas, un balón quedó suelto en la frontal del área, y allí estaba Raúl González Blanco. Sin mediar palabra ni desafiar a ningún defensa, armó la pierna izquierda y, con un zurdazo preciso, su disparo impactó en el palo antes de besar el fondo de la red. Valdés, estirándose con majestuosidad, no pudo hacer nada. Solo era el minuto 12 y el marcador ya reflejaba la contundencia del Real Madrid: 1-0. Raúl lo celebró con su ya icónico gesto: los dedos meñiques alzados y los pulgares señalando su nombre en la camiseta. Con ese gesto quería decir que él estaba allí, que dictaba las normas del juego y que solo él podía sentenciar la jugada. Desde la banda, Bernd Schuster se levantó del banquillo, cerró los puños y los alzó al cielo, agradeciendo a su capitán por aquel instante que ya quedaría grabado en la memoria del Santiago Bernabéu. Los jugadores del Barcelona mostraban miedo en los ojos, desesperación e incertidumbre ante lo que aún estaba por llegar aquella noche.

El partido no iba a cambiar de dueño. El balón seguía perteneciendo a un solo equipo: el Real Madrid. Ataques constantes, disparos peligrosos y, una y otra vez, Víctor Valdés salvando lo que parecía inevitable. Aunque esa noche terminaría encajando más goles de los que jamás hubiera imaginado, hay que reconocer que fue, sin duda, el héroe del Barcelona. Sin él, el marcador habría sido mucho más doloroso de digerir.

Corría el minuto 18, casi el 19, cuando Touré Yaya cometió una falta sobre Sergio Ramos. Me detengo en esta jugada porque, aunque he prometido que este libro no buscaría una objetividad uniforme —una palabra que no define mi forma de escribir ni de vivir el fútbol—, hay momentos que no se pueden pasar por alto.

Sergio Ramos, con velocidad, cambió de dirección con la pierna izquierda y recortó a Touré Yaya. Ante ese *dribling* eléctrico y seco, Touré tenía dos opciones: poner el cuerpo y cometer una falta o apartarse y dejarlo pasar. Viendo la jugada con detenimiento, era imposible que Touré le quitara el balón sin cometer una infracción. Sin embargo, decidió apartarse. Sinceramente, ni rozó a Sergio, pero este, esperando el contacto, saltó y se dejó caer simulando la falta. El árbitro no solo la concedió, sino que también amonestó a Touré.

¿Por qué me detengo aquí? Porque esa jugada precedió el segundo gol del Real Madrid. En defensa de mi equipo, debo decir que era cuestión de tiempo: el partido era absolutamente suyo, y el Barcelona estaba destrozado anímicamente. Pero sí, debo admitirlo…, a mi criterio, no había sido una falta.

Pero así es el fútbol: a veces toca vivir decisiones arbitrales que te favorecen y otras que te perjudican. Y hay momentos que pueden decidir un partido… una liga… incluso una Champions.

El encargado de poner en juego el balón fue Guti. Centró con la pierna izquierda, cerrado y peligrosamente colocado en el punto de penalti. Siempre digo lo mismo en mis directos: esos centros son letales. Centrar hacia la portería resulta mucho más difícil de defender para un defensa que un centro abierto. ¿Por qué? Porque el defensor está prácticamente estático, mientras que el delantero entra con fuerza y velocidad, y eso le da una ventaja enorme.

Así fue: Guti envió el balón al punto de penalti y Robben, con una velocidad vertiginosa, remató perfectamente colocado de cabeza. Víctor Valdés ni se movió; no pudo hacer absolutamente nada. Antes de que supiera, siquiera, quién había rematado, el balón ya se encontraba en el fondo de la portería. Minuto 19 y ya ganábamos 2-0.

La sensación en casa era inexplicable, imposible de describir. Imagínate que llevas todo un año esperando que te aprueben un examen difícil y, de repente, sacas la mejor nota posible; o que el jugador más rápido de tu equipo en los recreos te pase finalmente el balón perfecto y marques el gol que todos recordarán; o que tu video-juego favorito te desbloquee ese logro que llevabas meses intentando. Pues incluso con esas emociones, yo estaba todavía más eufórico. Llevábamos menos de un cuarto de partido y ya ganábamos 2-0, y la sensación era que esa noche los goles no iban a parar.

La superioridad del Real Madrid era tan aplastante que el F. C. Barcelona tuvo que esperar hasta el minuto 24 para generar su primera ocasión de peligro. Thierry Henry, con esa zancada elegante que lo caracterizaba, logró internarse por la banda izquierda hasta la frontal del área pequeña. Pero allí estaba Sergio Ramos, firme, anticipándose con contundencia para bloquear el avance del francés.

El sevillano cuajó una actuación descomunal aquella noche. Se había prometido que no volvería a vivir lo que había sufrido en 2005 frente a Ronaldinho. Es cierto, esta vez su pareja de baile no era el brasileño, pero Henry tampoco resultaba un rival sencillo. Rápido, habilidoso, uno de los delanteros más temidos del fútbol mundial y, sin duda, el mejor jugador francés del momento.

Henry, sin opciones de superar a Ramos, retrocedió un paso, levantó la cabeza y encontró a Bojan entrando solo desde la frontal. Le cedió el balón, y el canterano no lo dudó: disparó con la pierna derecha con toda su fuerza. El balón salió despedido tan alto que se perdió del plano de la cámara. Casillas, inmóvil, apenas acompañó la trayectoria con la mirada. Desde el instante en que el esférico había salido del pie de Bojan, ya sabía que aquel disparo iba directo a la grada.

Quizá —pienso ahora, sentado y recordando casi veinte años después— habría sido más sensato buscar un disparo colocado al palo largo, buscando precisión en lugar de potencia. Pero claro, todo parece más sencillo con la calma del tiempo y sin el peso de tener al Bernabéu encima. La elección de Bojan fue la que fue, y el Barcelona desperdició su primera oportunidad del partido.

La frustración en el banquillo culé era evidente. Rijkaard no estaba nada satisfecho con la actuación de los suyos, constantemente superados y sin tener la posesión el tiempo suficiente como para imponer su estilo. Tanto fue así que apenas un minuto después, en el 25, decidió mover ficha: llamó a Gudjohnsen y dio entrada a Giovani dos Santos. No es que el islandés estuviera haciendo un partido nefasto —en realidad, el equipo entero estaba desdibujado—, pero aquel cambio parecía responder más a un intento desesperado de reordenar la formación, de agitar la partida, de buscar un golpe de efecto antes de que el encuentro se les escapara por completo.

Justo después del cambio, Leo Messi tomó el protagonismo. En una jugada aislada, empezó a conducir el balón hacia la frontal del área con esa electricidad que lo hacía diferente. Por detrás, Sneijder corría desesperado, viendo cómo era incapaz de darle alcance. «¿Cómo puede ser que yo, sin balón, sea más lento que este chico llevándolo pegado al pie?», debió de pensar el holandés o, al menos, eso pensé yo desde el sofá de casa.

Hay jugadores cuya velocidad y habilidad son tan sobrenaturales que parecen desafiar la lógica: tú corres libre, sin carga, y, aun así, te superan mientras deben preocuparse de no perder la pelota. Eso era Messi, incluso en sus primeros años: imposible de frenar.

Sneijder, al darse cuenta de que no lo alcanzaría y que Leo se acercaba a una zona realmente peligrosa, tomó la decisión que muchos toman en esos casos: cortarlo como fuera. Una pequeña patada, lo justo para trabarle la pierna y tirarlo al suelo. El árbitro no dudó: falta muy peligrosa a favor del F. C. Barcelona.

La posición resultaba ideal. Prácticamente en la frontal, centrada, con opción tanto para un zurdo como para un diestro. Al lado del balón se colocaron los dos candidatos: Leo Messi, con su zurda mágica, y Thierry Henry, con la experiencia y potencia de su derecha. Casillas miraba fijamente, agazapado, intentando leer la jugada y adelantarse al desenlace.

Cuando Burrull dio la orden de reanudar, fue Henry quien tomó la responsabilidad. Disparó con la derecha buscando el palo largo. El balón salió fuerte y con buena dirección, lo suficientemente cerca del poste como para levantar un murmullo en la grada. Pero en el rostro de Casillas se reflejaba una calma absoluta. Había leído el tiro desde el primer momento. Lo tenía todo controlado.

El F. C. Barcelona apenas inquietaba a Iker Casillas, sin ocasiones claras y mucho menos con un verdadero peligro. En cambio, el Real Madrid seguía atacando sin descanso, obligando a Víctor Valdés a multiplicarse bajo los palos y a convertirse, una vez más, en el jugador más importante del equipo rival.

Corría el minuto 33 cuando Rafa Márquez cometió una entrada durísima sobre Mahamadou Diarra en tres cuartos de campo. Una falta a ras de suelo, aparatosa, que levantó al Bernabéu de los asientos. Burrull, sin embargo, se limitó a amonestarlo verbalmente. Recordad bien este momento: Márquez salió impune de una acción que merecía claramente la cartulina amarilla.

Sneijder fue el encargado de ejecutar la falta. Colocó el balón, dio tres pasos hacia atrás con un gesto serio, casi como un pateador de fútbol americano. Todo indicaba que iba a probar fortuna desde esa larga distancia. Pero Guti, con su habitual picardía, aprovechó la pasividad de la defensa culé y fue ganando metros por el costado izquierdo.

Cuando Sneijder inició la carrera, todos esperaban el zapatazo… menos él. En el último instante, filtró un pase raso y preciso hacia Guti, que se plantó solo frente a Valdés. El Bernabéu contuvo la respiración. El número 14 del Madrid no dudó: zurdazo seco, potente, que parecía destinado a romper la red. Un disparo atronador que enmudeció al estadio por un segundo…, hasta que apareció, otra vez, el héroe blaugrana. Valdés, con un reflejo felino, sacó una mano firme y desvió el balón. Ocasión clarísima desperdiciada.

El Madrid seguía dominando y generando un peligro constante mientras los jugadores del Barcelona miraban de reojo al marcador y al cronómetro, rezando para que llegara cuanto antes el descanso. Necesitaban reorganizarse, entender qué estaba fallando no solo en ese partido, sino en la temporada entera.

Pero la primera parte aún guardaba más capítulos de tensión. Apenas cinco minutos después de aquella primera falta, Márquez volvió a realizar una entrada muy aparatosa con todo su cuerpo, esta vez a Sneijder. Llegó muy tarde y arrolló al holandés sin ninguna opción de disputar el balón. Esta vez sí, Burrull mostró la tarjeta amarilla. El problema era evidente: aquella debería haber sido la segunda, lo que hubiese significado la expulsión del mexicano.

Quiero romper aquí una lanza a favor del árbitro. Estaba dirigiendo un clásico, y todos sabemos que estos partidos se juegan al límite, con una intensidad que a veces roza lo salvaje. Probablemente no quiso poner el listón tan bajo porque, de hacerlo, el partido habría terminado con cinco jugadores por equipo.

A pesar de las llegadas del Madrid, del dominio absoluto y de los cánticos de orgullo que retumbaban en el Santiago Bernabéu, la afición tendría que esperar a la segunda parte para celebrar más goles contra su eterno rival.

Comenzó la segunda parte en el Santiago Bernabéu. La lluvia caía sobre el césped, acelerando el juego, y la tormenta blanca seguía azotando sin piedad al F. C. Barcelona.

En el minuto 61, Schuster decidió mover ficha: cambio de hombre por hombre. Se marchaba Robben y entraba Gonzalo Higuaín. Poético, casi simbólico: apenas cuatro días antes, en Pamplona, ambos habían sido los héroes que, con sus goles en los últimos minutos, habían sellado la Liga.

El argentino apenas necesitó tiempo para dejar huella. Un minuto después de pisar el césped, Diarra filtró un pase preciso hacia Higuaín en la frontal del área pequeña. El «Pipita», sereno, esperó el instante justo para definirlo. Valdés intentó aguantar, manteniéndose de pie todo lo posible, pero la mirada penetrante del delantero lo descolocó. Cuando el portero se venció, Higuaín simplemente dirigió el balón hacia el lado contrario. Gol. 3-0 en el marcador.

Era ya una goleada. No hay consenso sobre cuántos goles definen ese término, pero endosarle un 3-0 a tu eterno rival en apenas una hora de juego…, eso es humillar. Desde casa, la sensación era indescriptible: habían venido al Bernabéu, habían hecho el pasillo… y ahora estaban siendo destrozados. No borraba el amargo recuerdo del 2005, eso quedaría grabado para siempre en la memoria madridista, pero sí que servía para escribir un futuro más glorioso.

El Barcelona se desangraba lentamente. La cámara enfocaba a Valdés, con la mirada perdida y los ojos vidriosos, negando con la cabeza. ¿Cómo era posible que, con su actuación estelar, ya hubiera encajado tres goles? Pero el fútbol es así: no perdona.

El Madrid no levantaba el pie del acelerador. Jugaba como si necesitara dos goles más para seguir vivo en una eliminatoria de la Champions. En el minuto 77, Robinho se escoró por la izquierda, regateó con elegancia a Zambrotta y preparó el disparo con la derecha. El balón, camino directo a portería, se estrelló en Puyol, que instintivamente levantó las manos para protegerse. Penalti claro.

El encargado de ejecutarlo fue Ruud van Nistelrooy, especialista indiscutible desde los once metros. Frente a frente: Ruud y Valdés. Burrull silbó. Van Nistelrooy arrancó con paso firme y disparó con potencia al lado izquierdo. Valdés se lanzó al contrario. Gol. 4-0.

Ahora sí. Ahora la goleada era incontestable. El Bernabéu vibraba, yo en casa saltaba de euforia, y mi padre me miraba divertido.

—Bueno, pero ¿4-0 no es suficiente?

—¡No, papá! —le respondí—. Hay que meterles seis, si hace falta. ¿O no recuerdas que nosotros los llegamos a aplaudir aquí?

Él sonrió, asintió con la cabeza y dijo:

—Pues a por esos dos más, hijo. Aún hay tiempo.

El rostro de Puyol tras el cuarto gol era un poema. Un capitán de verdad, un jugador al que siempre respeté profundamente: honesto, leal a su club, ejemplo en la Roja. El Barça lo echaría mucho de menos en los años siguientes.

El estadio pedía la manita, los jugadores en el banquillo sonreían con complicidad. Y estuvo cerca: apenas tres minutos más tarde, Van Nistelrooy podría haber firmado el quinto, pero una vez más apareció el héroe blaugrana, Víctor Valdés. Paradójico, pero cierto: cualquiera que no haya visto aquel partido pensará que estoy loco si digo que el MVP fue él. Pero lo fue. Si no llega a ser por sus intervenciones, el marcador habría rozado los dos dígitos.

En los últimos diez minutos, Messi quiso rebelarse contra la humillación. No quería rendirse. Obligó a Casillas a realizar dos grandes paradas, sacando el orgullo en medio de la debacle. Y en el 87, tras un pase suyo, Thierry Henry controló y ajustó un disparo precioso al palo derecho. Golazo. Casillas, esta vez, no pudo hacer nada.

El 4-1 apenas maquillaba el resultado, pero tuvo un efecto inmediato: enmudeció el Bernabéu. Aquello podría haber sido una goleada histórica, una de esas que se recuerdan durante generaciones, pero ese tanto la rebajó a una paliza «normal». En casa lo vivimos igual: la decepción era evidente. Eso es el Madrid. Incluso ganando 4-1 al Barcelona, sientes que podrías haber hecho más.

Aun así, el partido fue perfecto. Campeones de Liga, goleada en el clásico del pasillo y una exhibición memorable. Para colmo, Xavi Hernández acabó expulsado en los últimos minutos por protestar con vehemencia a Burrull, un detalle anecdótico en un partido ya decidido.

El pitido final confirmó lo que todos sabíamos: el Real Madrid había aplastado a su eterno rival. El «clásico del pasillo» se cerró con un contundente 4-1 y con unas portadas inolvidables al día siguiente. Una de ellas lo resumió mejor que nadie: «Jolgorio en el Bernabéu».

Pero ya sabéis lo que dice el refrán: «Quien ríe el último, ríe mejor». El fútbol siempre guarda un giro inesperado, un golpe escondido en el destino. Lo que aquella noche del pasillo fue gloria absoluta, apenas un año después se transformaría en la herida más dolorosa de todas.

El Barcelona volvería al Santiago Bernabéu; sin embargo, esta vez no era el mismo equipo derrotado y sin rumbo. Bajo la dirección de un joven Guardiola y con un plantel renovado, los azulgranas estaban dispuestos a escribir una de las páginas más crueles y legendarias de este deporte.

Aquel día, el coliseo blanco fue testigo de una tormenta implacable. No fue una derrota más, fue un 2-6 que aún hoy resuena como un eco maldito en la historia del madridismo. Una tarde que no solo sentenció una Liga: consagró al Barcelona como campeón y marcó el inicio de una era.

Así es el fútbol: tan glorioso como despiadado. Capaz de elevarte al cielo en un instante... y al siguiente, arrastrarte al abismo.

Y esa caída, ese golpe brutal, será la historia que nos espera en el próximo capítulo.

Esa... es la historia que nadie quería vivir, pero que todos recuerdan.

Curiosidades

- ⚽ El Real Madrid era campeón matemático de Liga 2007/08 antes del partido, coronado cuatro días antes ante el Osasuna.

- ⚽ El Barcelona no contaba con Ronaldinho, Deco ni Eto'o, ausencias destacadas en ese tramo de temporada por una lesión de Ronaldinho y sanciones a los dos restantes.

- ⚽ La victoria no cambió el destino del título, que ya pertenecía al Real Madrid en 2008.

- ⚽ El Madrid ganó la Liga con 85 puntos, segundo quedó el Villarreal · con 77 y tercero el F. C. Barcelona con 67.

3
El 2-6 del F. C. Barcelona

La temporada 2008/2009 llegaba a su clímax. Jornada 34 de la Liga, apenas quedaban quince puntos por disputarse. En la tabla, el F. C. Barcelona lideraba con 82 puntos, el Real Madrid lo perseguía con 78, y la Liga latía como una bomba a punto de estallar. Todo estaba tan comprimido que una victoria blanca en el clásico del Santiago Bernabéu no solo recortaría la distancia: la dejaría en un solo punto de diferencia, encendiendo un tramo final absolutamente infernal.

49

Los de Guardiola venían de dejarse dos puntos en Mestalla, un empate a dos contra el Valencia que había reabierto una brecha de esperanza para el madridismo. El Real Madrid, por su parte, había respondido con un contundente 2-4 al Sevilla en el Sánchez Pizjuán. La tensión se podía cortar con un cuchillo.

Y entonces llegó el 2 de mayo de 2009; para mí, un día marcado a fuego: cumplía dieciocho años, cruzaba la frontera de la mayoría de edad en España en la víspera del partido más grande de todos. Me gustaba pensar que no era casualidad: que mientras yo cambiaba de etapa, el fútbol también lo hacía. Que algo gordo iba a suceder esa noche. Que ese clásico no sería uno más. Y no me equivocaba…

El partido empezaría a las ocho de la tarde, con los últimos rayos del sol desvaneciéndose sobre Chamartín. La tarde madrileña tenía ese tono dorado y nervioso que precede a los días históricos.

El contexto reciente no era menor: el Real Madrid venía de ganar la liga anterior, de ver cómo el F. C. Barcelona le hacía el pasillo en ese mismo estadio, y de devolver el gesto con un 4-1 rotundo. Pero aquello pertenecía al pasado, y el fútbol no es amable con los recuerdos: el fútbol exige situarse en el presente.

Ese presente se llamaba F. C. Barcelona de Pep Guardiola, un equipo renovado desde la raíz. El técnico catalán había llegado desde el filial, sin experiencia en la élite, pero con una valentía que marcó territorio desde el primer día: fuera Ronaldinho, fuera Deco, y Eto'o también estuvo a un paso de ser descartado…, pero por motivos de contrato o destino, sobrevivió una temporada más.

Ahora ese Barcelona era otro animal. Más joven, más fresco, más disciplinado. Un proyecto que ya empezaba a enseñar los colmillos.

Yo viví la previa como siempre: en casa, con mi familia, ese ritual que ningún bar ni quedada con amigos podía igualar. Recuerdo que durante años, domingo tras domingo, habíamos visto juntos la Segunda División, churros con chocolate en mano y la mítica música del Canal+. Esa melodía que, cuando suena, te devuelve a la infancia sin pedir permiso. Sentado junto a mi padre, con su forma tan suya de ver el fútbol, era imposible no emocionarse. Y sé que cuando él lea estas líneas, también sentirá cómo le tiembla el pecho.

El Bernabéu presentaba un ambiente increíble. Había algunos culés dispersos, tímidos, escondidos en la marea blanca…, pero aquel estadio rugía como en las grandes noches. La grada tenía fe, quizá por inercia, quizá por orgullo, quizá porque un clásico en Madrid es un clásico en Madrid.

Las alineaciones: dos mundos frente a frente.

El Real Madrid había cambiado de capitán en el banquillo. Bernd Schuster, campeón de Liga el año anterior, había salido por la puerta de atrás a finales de 2008 tras perder 3-4 ante el Sevilla y rubricar su famosa frase en rueda de prensa: «Me parece imposible que podamos ganar el sábado al Barça en el Camp Nou». Duró unas horas más. Mijatovic lo destituyó de inmediato y llegó Juande Ramos, que transformó al equipo: una formación más sólida, más pragmática. O eso era lo que parecía…

Aquella noche, el Real Madrid no solo cambiaba de cara, también de identidad. Juande Ramos, obligado por la urgencia y por una Liga que ardía, apostó por un 4-4-2 lleno de ajustes que marcarían el partido… para bien y para mal. Uno de los movimientos más sorprendentes fue el de Marcelo. El brasileño, que como lateral era un torbellino entrando desde atrás, apareció esta vez como interior izquierdo, dejando el lateral para Heinze. Era un experimento extraño: Marcelo seguía teniendo talento, explosividad y regate, pero situarlo tan arriba lo encerraba en duelos de uno contra uno sin espacio, lejos de esas arrancadas imparables que nacían desde el campo propio. La idea, quizá, buscaba equilibrio. El resultado, sin embargo, lo desactivó.

Ese ajuste arrastró otra pieza clave: Robben. Con Marcelo por dentro y sin extremos naturales, el holandés fue desplazado a la derecha, actuando casi como interior a pierna cambiada. Y aunque el Madrid perdió profundidad por fuera, ganó algo diferente: un Robben amenazante, recortando hacia dentro con peligro constante, capaz de inventarse una jugada de gol en cualquier diagonal. Arriba, la dupla de siempre, Raúl e Higuaín, sostenía el orgullo de un equipo que aún creía en lo imposible.

Enfrente, el Barcelona llegaba con un aire completamente distinto al del 4–1 del año anterior. El dibujo seguía siendo un 4-3-3, sí, pero las piezas ya eran otras. Dani Alves volaba por la derecha como un ataque permanente. Piqué, recién consolidado, aportaba una serenidad impropia de su edad. Iniesta, indiscutible, movía el juego con esa suavidad que parece mentira. Y arriba, Messi partía desde el extremo derecho, libre para aparecer donde quisiera, como solo pueden hacer los elegidos. En el centro, fijando a los centrales, estaba Samuel Eto'o, feroz, vertical, dispuesto a castigar el más mínimo despiste.

Aun sin inventos, aquel Barça ya tenía algo que se sentía en el ambiente: una precisión quirúrgica, una confianza peligrosa, esa sensación de que cada ataque podía devenir histórico. Y el Bernabéu, como cada vez que el destino se prepara para escribir una herida, empezaba a contener la respiración.

Porque aquella noche no era un partido; era un punto de inflexión, el preludio de una de las heridas más profundas y legendarias de la historia del clásico.

El 2-6 estaba a punto de escribirse. Y nada volvería a ser igual.

A las ocho de la tarde, todavía con los últimos rayos de sol acariciando el estadio, comenzó en el Santiago Bernabéu un clásico que valía una Liga. El Barça sacó de centro, pero quien realmente marcó el inicio del partido fue el rugido del estadio, un sonido grave, vibrante, que empujaba al Madrid como un vendaval invisible. La primera jugada ya revelaba las intenciones: el balón llegó a Piqué e Higuaín le cayó encima como un perro de presa, obligándolo a enviarlo en largo hacia Henry. El Madrid había salido decidido a devorar.

Sin embargo, la primera ocasión, sorprendentemente, fue del Barcelona. Tras una recuperación precipitada del Madrid, un mal pase de Sergio Ramos dejó un balón muerto en la frontal que Messi recogió con demasiado espacio. Xavi llegó por la derecha, Messi lo vio, filtró el pase y desde el borde del área llegó el primer disparo del partido. Casillas lo bloqueó con calma. Primer sobresalto.

No tardó nada en responder el Madrid. Robben, por la banda derecha, encaró, ganó metros y buscó ese disparo con trivela zurda. Le dio a Puyol y acabó en córner. Todo ocurría tan rápido que costaba entender qué ritmo estaban intentando imponer ambos equipos. Desde casa, yo ya sentía el nudo en el estómago: no era miedo, pero sí esa inquietud que acompaña los partidos en los que sabes que algo grande está a punto de romperse.

En el minuto 6, una gran combinación de Iniesta y Messi dejó a Eto'o con espacio en la frontal. Recortó hacia dentro y probó a Casillas. Nada. Iker respondió con seguridad. Aquel gesto del portero, tan firme, parecía decir: «Hoy, si queréis hacerme daño, os va a costar».

En la banda, Guardiola estaba tenso. Sabía lo que significaba ese partido. Una derrota no solo reabriría la Liga: abriría heridas. El Barça no podía permitirse un naufragio en el Bernabéu. Y, aun así, el golpe llegó.

En el minuto 13, Sergio Ramos se escapó de Abidal con un gran regate, llegó a la línea de fondo y sacó un centro medido en el punto de penalti. Allí apareció Higuaín, en un salto poderoso entre Puyol y Alves, y cabeceó con una precisión y fuerza impecables. Valdés se estiró, pero era imposible. Golazo. 1-0. Y el Bernabéu explotó como si aquello fuera una final europea. En casa, lo celebramos igual. Ese gol acercaba al Madrid a un solo punto del Barça. La Liga se abría de par en par. Pero la alegría iba a durar muy poco.

Porque mientras aún recuperábamos el aliento, Henry ya encaraba por la banda. Ramos sufrió, Cannavaro tuvo que salir a tapar y Henry vio a Eto'o entrando por el centro. El pase fue bueno, pero el camerunés llegó tarde por unos milímetros. Otra puñalada que nos recordó que el Barça no había venido a especular.

Y así llegó el empate. Minuto 17. Henry volvió a recibir entre líneas, atrajo a Ramos y Cannavaro, soltó el balón a Messi, y el argentino, libre como siempre, levantó la cabeza y detectó el desmarque del francés antes que nadie. Tocó por encima de la defensa, Ramos hizo una pirueta desesperada, Cannavaro quedó atrás y Henry, solo ante Casillas, definió cruzado. 1-1. Se apagó el Bernabéu. En mi casa pasamos del grito a la seriedad. El Barça llegaba con demasiada facilidad. Algo no encajaba.

La sensación empeoró dos minutos después. Henry volvió a romper a Ramos con una dificultad mínima.

Cannavaro, otra vez obligado a salir de la zona, lo derribó en una falta innecesaria cuando el balón ya parecía perderse por la línea de fondo. Y esa acción, tan inocente en apariencia, se transformó en un castigo letal.

Xavi colocó el balón, levantó un brazo y ejecutó una jugada ensayada con una precisión quirúrgica. El centro cayó en el punto de penalti y Puyol, que había partido desde el segundo palo protegido por los bloqueos de sus compañeros, llegó completamente solo para rematar como un martillo. Un cabezazo implacable, directo. 1-2. Minuto 19.

Puyol se quitó el brazalete con la solemnidad de un guerrero que conoce el peso de la historia. Lo besó, lo alzó hacia el cielo del Bernabéu y lo ofreció al público como una declaración silenciosa de autoridad. A su lado, Piqué lo celebraba mirando a la grada con esa mezcla de euforia y desafío que lo definía: no solo mostraba su orgullo azulgrana, sino también su innegable alma antimadridista. Mientras tanto, el estadio respondía con una sinfonía de silbidos, un murmullo casi visceral que nacía del malestar por la remontada.

Cinco minutos antes, el Madrid estaba desatado y soñando con ser líder. En un parpadeo, todo había dado la vuelta. El Bernabéu quedó silencioso, como si el aire se hubiera vuelto denso. En mi casa nos miramos sin saber qué decir. Algo terrible se intuía en el ambiente. Y, aunque aún no lo sabíamos…, aquello no era nada comparado con lo que estaba por venir.

El Barcelona ya mandaba en el marcador... y en la Liga. Pero el partido, lejos de acabarse, estaba a punto de entrar en una fase salvaje.

Nada más sacar de centro, el Real Madrid encontró una oportunidad de oro. Aquel encuentro era un intercambio constante de golpes, un duelo sin tregua. Robben, eléctrico como pocas veces, recibió el balón y se lanzó hacia el espacio entre Abidal y Touré como si ambos fueran simples sombras. Pasó entre ellos con una facilidad insultante; apenas hubo resistencia. Iniesta, obligado a cubrir el hueco que dejaban atrás, tuvo que abandonar su zona para corregir la jugada, lo que dejó a Higuaín completamente solo en el borde del área. Pero antes de que el argentino pudiera controlar el balón, Xavi, impecable en solidaridad defensiva, llegó como un resorte. Lo molestó lo justo, le tocó el balón, lo forzó a darse media vuelta y a quedar de espaldas a la portería, incapaz de encarar.

Ese instante de debilidad fue detectado al unísono por la defensa azulgrana. Touré e Iniesta saltaron sobre él, cerrándole el aire. Y justo ahí, cuando parecía ahogado, Higuaín se sacó de la manga un gesto técnico tan bello como inesperado: sin girar el cuerpo, taconazo perfecto, giro de 180 grados, y en un movimiento suave y preciso dejó atrás a ambos centrocampistas. La jugada continuó con una naturalidad casi artística. Encaró a Puyol, lo obligó a retroceder, lo regateó con otro detalle exquisito y habilitó a Robben, que aparecía solo en el borde del área gracias al despiste de Piqué. El holandés no se lo pensó: disparo seco abajo, venenoso. Y Valdés, firme, respondió con una parada salvadora con los pies. Esa ocasión, tan clara que dolía solo viéndola, se desvaneció en un suspiro.

Treinta segundos después, el Real Madrid volvió a golpear. Otra vez Robben; otra vez, atacando el mismo flanco donde Abidal sufría como nunca. Iniesta volvía a llegar tarde para hacer el dos contra uno que el Barcelona ya entendía como obligatorio. En segunda línea irrumpió Higuaín, que estaba firmando un partido descomunal. Control largo hacia la línea de fondo, casi sin ángulo, y allí improvisó un centrochut potente, pidiéndole a la suerte que hiciera el resto. Raúl no llegó, pero Dani Alves sí: el balón rebotó en él con tal fuerza que salió disparado hacia su propia portería. Solo Valdés —otra vez Valdés— salvó el empate, atrapando el balón antes de que se colara. Si esa pelota hubiera salido desviada un palmo, el 2-2 habría sido inevitable.

El Madrid, que había estado apagado durante los cinco minutos fatales que le habían costado dos goles, volvía a parecerse al equipo del inicio. Había recuperado la agresividad, la presión, la verticalidad. Y de pronto, el Barcelona se vio encerrado, sin salida, sometido a un asedio que hacía temblar cada repliegue defensivo. El Bernabéu rugía otra vez. Y el clásico, lejos de enfriarse, estaba más vivo que nunca.

El partido no bajaba de intensidad; ni siquiera habían transcurrido dos minutos desde la salvada milagrosa de Valdés tras el rechace que casi se come Dani Alves. El Madrid volvía a tener el balón y buscaba avanzar. Marcelo, situado entre líneas y de espaldas a la portería rival, recibió un pase que exigía control y giro. Intentó orientarse hacia delante para combinar, para encontrar un socio que le devolviera la jugada de cara..., pero Dani Alves apareció como un relámpago. Le arrebató el balón con una facilidad insultante, tan simple que desde casa cualquiera habría jurado que también podría habérselo quitado. Marcelo, un jugador de talento innato, perdía la pelota de un modo que evidenciaba que aquel experimento de colocarlo por dentro no le hacía ningún favor. Acostumbrado a brillar en la banda, a dominar el uno contra uno con el campo entero por delante, ahora se veía reducido, asfixiado en un fútbol distinto. Y por muy *crack* que uno sea, nadie aprende a jugar a otra cosa de la noche a la mañana. No es tan sencillo.

El robo de Alves fue la chispa inmediata de una contra que olía a gol desde el primer toque. Conducción vertical, eléctrica, rompiendo el centro del campo sin pedir permiso. El Madrid estaba desordenado, solo con los dos centrales atrás. A Dani Alves lo acompañaban Messi abriéndose hacia la izquierda y Eto'o desmarcándose por la derecha; formaban un triángulo letal. Alves llegó a tres cuartos cuando Cannavaro y Metzelder cometieron un error incomprensible: frenaron el repliegue. Se detuvieron como si la jugada pidiera una pausa, cuando en realidad aún quedaban unos largos metros —larguísimos—

para que Casillas pudiera intervenir. Ese instante de desconcierto lo leyó Messi a la perfección. Picó en el espacio por la izquierda, levantó la mano, la pidió con la convicción del que huele sangre.

Alves se la dio, pero su pase fue extraño: demasiado alto, innecesariamente complicado, un envío que parecía más un mal golpeo que una asistencia pensada. Pero Messi lo transformó. Con esa zurda que convierte lo difícil en rutina, amortiguó el balón como si hubiese llegado raso, lo dejó botando justo lo necesario, lo preparó para lo inevitable. Y entonces, escorado pero con la portería de Casillas en la mira, la empalmó con una violencia descomunal. Trallazo directo al alma del Bernabéu. Pero allí estaba Casillas, que respondió como solo responden los elegidos: ambas manos firmes, un despeje salvador, y el balón alejándose de lo que ya se intuía como la sentencia del partido.

El partido seguía a un ritmo que rozaba lo inhumano. Era frenético, desbocado, un ir y venir constante que daba la sensación de que todo estaba roto…, y apenas era el minuto 24. Dos minutos tras la ocasión salvada por Casillas, el Barcelona volvió a golpear. Y esta vez lo hizo con un mensaje claro: no iban a conformarse con el 1-2. Querían más. Querían devolver el golpe que un año antes habían recibido en el mismo escenario, en el mismo templo blanco que ahora ardía de tensión: el Santiago Bernabéu.

Xavi recibió la pelota en el carril del ocho, de espaldas a la portería y en plena zona de tres cuartos. Messi acudió a ofrecerle salida, totalmente libre porque su marca, desesperada, había decidido doblar la presión sobre Xavi. Esa división, ese movimiento, abrió un agujero perfecto para la maquinaria blaugrana. Empezaron a tocar en corto, ese intercambio preciso y quirúrgico que habían perfeccionado desde el inicio de la temporada: pases entre líneas, triangulaciones afiladas, siempre hacia delante. Messi lo devolvió de cara y Xavi lo encaró, avanzando hasta situarse a unos quince metros de la frontal, justo en la boca del área.

Eto'o se abría por la derecha, atento a no caer en un fuera de juego, mientras la defensa del Madrid se desordenaba de forma alarmante. Heinze, el último hombre, se cerraba casi como un central improvisado, intentando cubrir el hueco que Metzelder había dejado al salir a tapar la conducción de Xavi. Marcelo estaba demasiado lejos para hacer un «dos contra uno». Cannavaro y Ramos, atrapados en un limbo de dudas, parecían condenados: cuando Xavi soltara el pase, la jugada los dejaría fuera.

Y el pase llegó. Limpio. Vertical. De esos que ya eran una marca de la casa del propio Xavi. Un pase al espacio para Eto'o, que lo controló orientándose hacia delante como si tuviera el campo entero bajo control. Heinze no tuvo tiempo ni de respirar; Eto'o ya estaba preparando el disparo. Armó la pierna derecha y soltó un latigazo brutal, un chut que hizo temblar los cimientos mismos del estadio cuando estalló en los guantes de Iker Casillas.

La estirada fue de dibujos animados: pura fantasía, un momento digno de Oliver y Benji de la serie *Campeones* o de *Inazuma Eleven*, para los menos veteranos —si se me permite el sarcasmo—. Casillas volvió a salvar un gol que probablemente habría sido el mejor de la jornada. Volvía a mantener con vida a un Real Madrid que ya sangraba por todas partes. Desde mi casa, yo veía a mi equipo desangrarse lentamente, mientras Casillas, solo y heroico, trataba de tapar una hemorragia que parecía imposible de detener.

Y, otra vez, apenas dos minutos después, volvía a suceder. Parecía un partido maldito, uno en el que cada dos minutos nacía una ocasión clarísima de gol. El Barcelona golpeaba de nuevo. La jugada era la misma, pero esta vez los protagonistas eran Messi e Iniesta, los dos arquitectos silenciosos del caos.

Messi recibió el balón en el carril del ocho, combinó con Iniesta y Andrés se lo devolvió de cara. Ahí empezó el eslalon; esa conducción que te obliga a contener la respiración desde el sofá; ese instante en que el mundo se detiene porque todos sabemos lo que viene; esa conducción, tantas veces repetida, tantas veces acabada de la misma manera: con el balón en el fondo de la red.

Messi dejó atrás a Lass Diarra con una facilidad insultante. Gago intentó llegar, pero era inútil. Leo colocó el cuerpo, lo protegió como si tuviera escudos invisibles. Entre Cannavaro y Ramos apareció Iniesta, justo en la línea defensiva del Madrid, como Eto'o minutos antes.

Messi lo vio. Lo tenía clarísimo. Y repitió la fórmula: pase al espacio, quirúrgico, perfecto.

Tras un control orientado de clase mundial, Iniesta se quedó totalmente solo ante Casillas. Era la misma escena que dos minutos atrás, pero por el perfil contrario. Y uno no podía evitar preguntarse qué estaría pensando Iker. ¿Cómo encaras la pasividad de tu defensa? ¿Cómo procesas un ataque tan descomunal, tan rápido, tan preciso, en el que Messi, Iniesta, Eto'o y Xavi juegan como si fueran cinco segundos por delante del resto? Era imposible no quedar desajustado ante semejante tormenta.

Iniesta controló con la derecha y se la dejó perfecta para definir con el interior al segundo palo. Mi padre y yo nos quedamos en silencio. Literalmente dejamos de respirar desde que Messi arrancó. Y cuando ya creíamos que el 1-3 iba a subir en el marcador, Iniesta hizo algo que nos dejó helados, boquiabiertos: devolvió el pase. Un toque suave, letal, de vuelta para Leo Messi, que siguió la jugada como si ambos hubieran ensayado esa trampa toda la semana.

El pase fue al punto de penalti. Y Messi solo tenía que empujarla.

Era inevitable.

Yo aparté la mirada. No podía soportarlo. Mi padre, en cambio, aguantó como quien protege a su cachorro ante una bestia, sin huir del peligro. Pero en el campo había una persona capaz de impedir lo imposible. Solo una. Alguien tocado por Dios y convertido en santo en noches como aquella.

San Iker Casillas.

El único que no se tragó el engaño. El único que se imaginó el desenlace antes de que llegara. ¿Fue por un estudio del rival? ¿Fue por puro instinto? Nunca lo sabremos. Pero sí que sabemos que, con una agilidad que rozaba lo milagroso, voló hacia su izquierda y detuvo lo que ya parecía inevitable.

Ese día, Casillas, incluso sabiendo que la noche sería larga y cruel, se aferró a su mantra: «Si queréis hacerme daño… os va a costar».

A esa jugada la acompaña un recuerdo imborrable: la voz de Michael Robinson —en paz descanse— repitiendo una y otra vez, con esa mezcla de asombro y felicidad que solo él tenía: «¡Qué fútbol, qué fútbol!».

Y no se equivocaba. Íbamos perdiendo, estábamos sufriendo, pero lo que teníamos delante era un partidazo de los que ya no se ven. Un combate a golpes al mentón, sin respiro, sin especular, sin miedo. Uno de esos clásicos que se echan de menos en la última década, en el que cada jugada parecía escrita para quedarse grabada en la memoria.

Llevábamos ya un buen rato resistiendo las embestidas del Barcelona, sometidos a ese martillo constante que imponía aquel equipo. Pero si algo tiene el Real Madrid —si algo ha tenido siempre— es *pegada*. No necesita dominar, no necesita bailar con el balón…, necesita una sola chispa para incendiar el partido. Algo completamente distinto a aquel Barça: un equipo brillante, sí, pero que sufría cuando no tenía la posesión, que se ahogaba si le arrebataban su aire natural. El Madrid, en cambio, había aprendido a caminar entre el dolor, a convivir con él, a transformar ese sufrimiento en su arma más afilada. Nunca bajaba los brazos. Nunca. Yo no recuerdo haber visto al Real Madrid rendirse, jamás.

El partido seguía abierto, latiendo fuerte, cuando unos minutos después, Lass Diarra encontró una rendija y filtró un pase precioso a Raúl González. Y ahí, en esa milésima de segundo, volvió a aparecer el capitán de siempre. A pocos jugadores he visto girarse como Raúl: control orientado de 180 grados, perfecto, eléctrico, dejando atrás a Piqué y Puyol. El balón le quedó botando, servido para el disparo, para clavar uno de esos goles que cambian noches y cambian ligas… Pero le puso demasiado corazón. Demasiada emoción. Demasiado ímpetu. El disparo salió volando por encima del larguero, rozando el cielo del Bernabéu. Valdés, que lo leyó como si ya conociera el final de la historia, casi ni se lanzó. Sabía dónde iba a terminar esa pelota.

En casa suspiramos. Todavía había esperanza. Todavía podía suceder *todo*. Minuto 31. Quedaba un mundo. El Bernabéu empujaba. Nos jugábamos la Liga.

¿Quién iba a imaginar lo que venía después?

Nadie. Absolutamente nadie.

El Barcelona, a pesar de haber sentido el temblor con aquella ocasión de Raúl, no perdió ni un gramo de hambre. En dos minutos generó dos oportunidades más que podrían haber cambiado por completo el rumbo del partido. Y, cómo no…, las dos salieron de las botas de Messi. La primera, el de siempre: Iker Casillas. La segunda, se marchó rozando el palo. El Barça seguía oliendo sangre y empujando con una autoridad aplastante.

Y entonces… llegó el fatídico minuto 34. Ese minuto que parecía destinado a sentenciar una noche ya de por sí dura de digerir, pero que estaba a punto de transformarse en una indigestión de las que te hacen pedir la baja laboral al día siguiente.

Saque de puerta para el Madrid tras la jugada de Messi. Casillas decide jugar en corto con Metzelder. Diarra aparece entre líneas para recibir el balón de espaldas, solo, absolutamente solo, a la altura del número 5. Xavi estaba allí, claro, pero en una presión moderada, casi un recordatorio de «Te estoy vigilando». Nada que aparentara un peligro real. Pero entonces ocurrió.

El control de Diarra fue… malo. Muy malo. Controló hacia el lado de donde venía Xavi, sin levantar la cabeza, sin saber realmente de dónde le llegaba la presión. En casa me quedé helado, con las manos en la cabeza. Mi padre, en cambio, empezó a renegar, a soltar improperios de esos que salen del alma. ¿Cómo era posible? Llevábamos ya unos minutos resistiendo las embestidas del Barça, Casillas sosteniendo al equipo como un coloso…, ¿y ahora íbamos a regalar una ocasión así?

Pues sí.

Diarra perdió el balón, Xavi lo recogió como quien recibe un regalo inesperado el día de Reyes, y el Madrid quedó partido en dos, totalmente expuesto. Un cráter gigantesco en el centro del campo…, y en mitad de ese cráter, el peor de los escenarios posibles: Leo Messi.

Messi, que ya jugaba de lo que quería: de nueve, de falso nueve, de extremo por ambas bandas…, daba igual. En aquel momento desempeñaba todos los roles a la vez y todos los hacía bien. Xavi le cedió el balón y Messi se plantó solo ante Casillas. Conducción agresiva, determinada, que anuló cualquier intento de Cannavaro. Pero en mi casa aún quedaba esperanza, porque delante de Messi estaba Iker Casillas, y… ¿qué podía salir mal?

Pero los milagros de Iker… se estaban acabando.

Messi definió con la izquierda, con la puntita de la bota, como si aquello fuera fútbol sala. El balón se deslizó, suave, quirúrgico, rozando el palo derecho. Casillas estiró la pierna todo lo que pudo, como tantas veces antes, pero esta vez… era imposible. No había nada que reprocharle. Había hecho demasiado, había sostenido lo insostenible. Pero frente a Messi, en ese estado de gracia, ni siquiera Iker podía deshacer lo inevitable.

El balón entró. El estadio enmudeció. Y para el madridismo… fue como un golpe en el estómago.

1-3 en el marcador.

Un golpe seco, doloroso. Y lo peor es que el partido estaba siendo eso: un intercambio desigual en que el Madrid recibía mucho más de lo que daba. Era una batalla a la que llegábamos con espada… Y ellos, con un ejército entero.

Hacía rato que ni recordaba si Robben seguía en el campo. Marcelo, desaparecido. Y de Higuaín... ni los comentaristas mencionaban su nombre. Y la explicación era tan simple como triste: no pasábamos del centro del campo.

Era como si el Barcelona hubiera instalado un muro invisible, una frontera infranqueable en la que todas nuestras jugadas morían antes de nacer. Cada intento de salida se convertía en un balón dividido; cada pase, en una ruleta rusa. Éramos un equipo partido, asfixiado, corriendo siempre detrás de la pelota, detrás de las sombras, detrás de un rival que parecía jugar a otro deporte.

El Madrid estaba en pie..., pero tambaleándose.

Y lo peor era que todos, en el estadio, en casa, sentíamos que aquello no había terminado.

Para bien... o para mal.

Quedaban diez minutos escasos para llegar al descanso, pero el Barcelona seguía empeñado en convertir cada segundo en una tortura. Y aún tenían preparada otra oportunidad, otra puñalada..., que, una vez más, solo un hombre vestido de blanco sería capaz de detener.

Falta lejana, escorada al costado derecho. Casillas organizaba la barrera: cuatro hombres, ni uno más, ni uno menos. Dani Alves se colocaba frente al balón, botines plantados, respiración agitada. Su gesto no era el de un equipo que ganaba 1-3, era el de alguien que juega con hambre, con rabia, como si fueran ellos los que estuvieran siendo humillados.

Arrancó la carrera. La zancada larga, el cuerpo inclinado hacia delante, y entonces... el latigazo.

Un disparo seco, violento, raso, pegado al palo de Casillas. Un tiro que en el 99 % de los porteros del mundo habría terminado en gol. Pero Iker no formaba parte de ese 99 %.

Se arrojó al suelo como si le fuera la vida en ello, una reacción eléctrica, instintiva, casi animal. Estiró el brazo al límite, rozando el balón justo en el punto exacto para desviarlo hacia el lateral.

Paradón antológico. El tipo de parada que no se celebra, se respira. La que te mantiene con vida cuando el marcador pide clemencia.

El 1-4 parecía escrito... y, sin embargo, ahí estaba él, borrándolo de la historia con una mano milagrosa.

Llegó por fin la media parte, y con ella un pequeño respiro al sufrimiento. Era como abrir una ventana en una habitación sin aire: por un instante, podíamos volver a respirar. Sin embargo, en el fondo, todos sabíamos la verdad...: aquel descanso era solo un parche, una pausa necesaria antes de volver al campo de batalla.

Uno empieza a analizar el partido, a poner los pensamientos en orden, y la realidad golpea con una frialdad incómoda:

Tal y como estaba el Barcelona, parecía casi imposible darle la vuelta al marcador. Eran un vendaval. Un equipo poseído por una magia inexplicable, en una de esas noches en que todo les sale bien: precisión quirúrgica, velocidad sobrenatural, confianza absoluta… y, por si fuera poco, el talento natural que ya de por sí cargaban en cada línea del campo.

Aun así, el fútbol tiene una personalidad impredecible, caprichosa…, muchas veces incluso injusta. Y si algo tiene este deporte, es que basta un mínimo error, un detalle, un instante… para cambiarlo todo.

Un gol tempranero del Madrid podía reescribir la historia. Porque el Madrid, incluso tocado, incluso superado, incluso rezando… seguía teniendo una pegada que el Barça respetaba. Ellos lo sabían. Todos lo sabíamos. Veíamos a ese Barcelona gigante, sí, pero también veíamos que no podían relajarse ni un segundo.

El descanso terminó. Quedaba esperar cómo arrancaría la segunda parte. Y en mi casa, como en tantas otras, solo nos quedaba rezar: a los santos, a la suerte, a la épica… y, sobre todo, a Iker, esperando que esa noche milagrosa se alargara un poco más.

Apenas había comenzado la segunda parte… y, otra vez, como si el guion de aquella noche estuviera escrito por una mente caótica, todo volvía a suceder a los dos minutos. ¿Qué sucedía esa noche? ¿Por qué el reloj parecía estar programado para que cada 120 segundos ocurriera algo que redefinía el partido?

El Barcelona salió con una confianza todavía mayor que la que había mostrado en los primeros 45 minutos. La ventaja en el marcador, el control absoluto del juego, la sensación de estar ejecutando el «plan Guardiola» con mucha precisión…, todo eso los hacía caminar por el Bernabéu como si fuera su propio laboratorio.

Y entonces llegó la jugada. Una jugada tan perfecta, tan coordinada, tan insultante para cualquier rival que uno solo podía levantarse del asiento —aunque fuese para sufrir más— y aplaudir la belleza del fútbol.

Los de siempre. Xavi, Iniesta, Messi. El triángulo sagrado. Tres jugadores capaces de convertir un partido de élite en un rondo de entrenamiento.

Toques al primer toque. Pases que cortaban líneas como si el balón fuera un bisturí.

Diarra, Gago, Cannavaro… los tres quedaron rodeados, hipnotizados por ese baile. El italiano, desesperado, abandonó su posición para intentar ayudar, pero aquello resultaba inútil. No había forma humana de quitarles el balón cuando se ponían a jugar así.

Tiquitaca. De ahí nació el concepto. De noches como esa. De jugadas como esa.

El balón terminó en los pies de Iniesta. Andresito, que ya había olido sangre, encaró a Cannavaro sin titubear. Y entonces… su firma, su sello, su carta de presentación: la croqueta. Lo eludió con una facilidad insultante, como si el Balón de Oro 2006 fuera un cono de entrenamiento. Iniesta apareció en la frontal, preparó el disparo con la derecha… y ahí, por alguna razón divina o casual, el balón salió rozando el lateral de la portería defendida por Iker.

No entró. Gracias a uno de esos santos a los que habíamos rezado en el descanso, la pelota se marchó fuera por un suspiro. Era como si el universo nos diera un aviso: «Todavía seguís vivos... por ahora».

Y otra vez, cómo no, volvía a aparecer Leo Messi. Escorado en la banda derecha, sin más opción que él contra el mundo. Henry intentaba llegar desde muy atrás para ofrecerse, pero era inútil: la velocidad de Messi —incluso conduciendo el balón— era tan demencial que ni su propio compañero podía alcanzarlo. A esa velocidad pensaba, a esa velocidad tomaba decisiones. A esa velocidad destruía las defensas.

Marcelo lo perseguía por detrás, prácticamente colgado de él. Metzelder lo esperaba de frente, clavado, intentando adivinar hacia dónde saldría esa zurda infernal. Cannavaro ya había olido el peligro y acudía para cerrar el hueco, preparándose para un posible tres contra uno.

Pero Messi eligió el camino más lógico... y más sencillo para él: desbordar hacia fuera, donde solo tendría que superar a uno en vez de enfrentarse a tres. Era pura inteligencia táctica, una mente privilegiada dentro de un cuerpo imparable.

Metzelder lo intentó —de verdad que lo intentó—, y no hay nada que reprocharle. Era un duelo perdido de antemano. Forcejeó, trató de cargarlo con los brazos, de imponer su físico..., pero Messi lo llevó al límite, lo arrastró a una velocidad que no era de este mundo. Y como era inevitable, el central acabó en el suelo, vencido, derrotado por la brutalidad técnica y física de aquel argentino que había decidido convertir el Bernabéu en su patio de recreo.

Messi llegó casi a la línea de fondo. Sin ángulo, sin espacio, sin lógica. Ante Casillas. Y en esa fracción de segundo, todos pensamos lo mismo: «Es Messi, igual hace un milagro».

Pero el balón se le quedó para disparar con la pierna derecha, y desde ahí, desde ese rincón imposible, hasta él tenía las probabilidades en contra. Terminó marchándose por la línea de fondo, sin peligro real…, pero dejando detrás una estela de incredulidad absoluta.

La grada, la tele, las casas, todo el mundo sintió lo mismo: una mezcla de ansiedad y estupefacción, porque muy pocos jugadores en la historia podían generar tanto miedo, tanta incertidumbre y tanta magia en una sola jugada.

Sin embargo, cuando todo parecía perdido, cuando el Barcelona había asfixiado al Madrid durante toda la primera parte y los primeros diez minutos de la segunda, llegó una jugada aislada que cambió la sensación de impotencia por un fuego renovado de esperanza.

Un balón parado, una falta lateral ejecutada con maestría, una magia que solo algunos jugadores poseen. Robben, con su zurda prodigiosa, puso un centro cerrado en el área, un envío imposible para la defensa, imposible de leer para cualquier mortal. Y allí estaba él, el único capaz de transformar ese pase en gol: Sergio Ramos.

Se alzó entre todos los hombres que poblaban el área como un gigante, dominando el espacio y el tiempo. Un testarazo limpio, fuerte, preciso…, directo al segundo palo. Solo él podía conectar así ese balón, solo él podía ganar ese duelo aéreo. Gol seguro. Gol. Víctor Valdés no tuvo nada que hacer.

De golpe, el Bernabéu pasó de la incredulidad a la euforia. Un rugido que recorría cada grada, cada asiento, cada rincón del estadio. Aunque el marcador seguía reflejando una victoria momentánea del F. C. Barcelona, aquel gol era un grito de vida, una señal de que el Madrid no se rendiría, de que aún podía pelear hasta el último segundo. En casa saltábamos de emoción; el partido volvía a ser interesante, y la sensación de impotencia daba paso a la adrenalina, a la certeza de que aún había batalla.

Y ahí estaba la prueba de que el Barcelona no era un equipo que se acobardara ante un mazazo. Guardiola no era un entrenador conservador y sus jugadores tampoco. No se echaron atrás, no se limitaron a proteger el marcador. Su manera de defender era con el balón en los pies, su manera de mantener la ventaja era aumentarla, una y otra vez. La tormenta no amainaba, simplemente se intensificaba, y el Bernabéu empezaba a sentirlo: el Barça seguía siendo letal, imparable, irresistible.

Solo dos minutos más tarde, parecía confirmarse la maldición que se cernía sobre el Bernabéu esa noche. Cada dos minutos, el Barcelona lanzaba un nuevo golpe, y el estadio quedaba enmudecido, sofocado por la impotencia.

Xavi, como un mago con la mirada fija en la jugada, filtró un pase al espacio, un pase quirúrgico que rompía líneas como si fueran de papel. Henry lo recibía, solo, a la espalda de la defensa. Y allí estaba Sergio Ramos, que apenas unos instantes antes había sido el héroe del Madrid, ahora convertido en testigo impotente de la tragedia. La facilidad con la que Henry le ganaba la espalda resultaba humillante; tanto que hasta él mismo llegó a creer que había quedado en fuera de juego, que no era posible semejante ventaja; sin embargo, no lo estaba: el francés estaba habilitado y el destino de esa jugada era inevitable.

Casillas, fruto de la desesperación y la necesidad de frenar lo imposible, salió como un toro resabiado. Salió fuera del área, extendiendo todo el cuerpo, intentando achicar el espacio, pero la distancia era demasiado grande. Henry solo tuvo que ajustar el disparo, apenas rozando al portero, para que el balón botara cinco veces antes de deslizarse lentamente al fondo de la red. 2-4.

El golpe fue sordo, profundo, un cuchillo clavado en el alma de cada madridista. El mismo escenario que un año antes había celebrado un histórico 4-1 en favor del Madrid, ahora mostraba su reverso cruel: cuatro goles encajados en tu propio feudo, la ilusión de la Liga prácticamente desvanecida. La sensación no era solo de derrota, era una humillación, impotencia y asombro ante la superioridad aplastante de un Barcelona que había dictado sentencia.

Todavía no había terminado de golpear el Barcelona, y el Bernabéu presenciaba otra jugada que quedaría grabada en la memoria de todos. Faltaban apenas quince minutos para el final, y Xavi inventó algo que solo él podía ejecutar: un gesto técnico que rozaba lo sobrenatural. Messi le entregaba el balón en la frontal del área; Xavi se giraba y encaraba a Cannavaro, con Gago pisándole los talones. Desde fuera, parecía que quedaba acorralado, que el balón estaba perdido. Pero Xavi tenía otros planes.

Con un recorte magistral, desplazó a Cannavaro hacia la izquierda y, con un toque sutil, palpó a Gago, señalando que estaba listo, como un camaleón con visión de 360 grados. Y entonces, cuando todos esperaban que continuara por la izquierda, Xavi trazó un giro completo hacia la derecha, una especie de peonza controlada, con el balón pegado al pie y dos defensores completamente engañados. Cannavaro y Gago se lanzaron al engaño y Xavi volvió a su posición inicial, encontrando un espacio imposible: no había nadie frente a él.

En ese instante, el protagonista emergió: Leo Messi ya pisaba el área. Xavi solo tuvo que cederle el balón y mirar cómo la historia continuaba ante sus ojos. Messi se enfrentó uno contra uno con Casillas y, viendo que el portero le cerraba bien el ángulo, hizo un amago hacia su palo largo, engañando al arquero, y definió al palo corto con una precisión escalofriante. Casillas, ya vencido por el engaño, solo pudo mirar cómo el balón besaba la red.

2-5. Un marcador que ya no solo reflejaba un resultado; reflejaba la noche histórica de aquel 2 de mayo, la superioridad absoluta de un Barcelona que había convertido el fútbol en arte, y un Real Madrid que, pese a todo, solo podía contemplar la obra maestra que se desplegaba ante sus ojos.

Pero el partido aún no había acabado. A falta de siete minutos para el pitido final, un nombre inesperado iba a quedar grabado en la memoria de todos: Gerard Piqué. El Real Madrid, agotado y sin fuerzas, se veía incapaz de contener la presión del Barcelona, y Piqué decidió sumarse al ataque. Al llegar cerca del medio campo rival, cedió el balón a Messi, que interpretó perfectamente la situación; Messi, con su rapidez y visión, filtró un pase en profundidad a Eto'o, que llegaba libre por la derecha.

Eto'o avanzaba por la derecha, también solo, con tiempo para pensar y generar juego. Eto'o controló el balón y, con toda la calma del mundo, envió un centro preciso al punto de penalti. Allí, Piqué apareció, listo para rematar. Casillas reaccionó, se lanzó y detuvo el disparo inicial, evitando el gol seguro.

Piqué recogió el rebote en el punto de penalti. Frente a él, a apenas dos metros, estaba Messi totalmente solo, con la portería y la defensa abiertas. Todo el estadio y el mundo entero pensaron que el pase sería inmediato, que Messi finalizaría y sentenciaría la jugada. Pero Piqué tenía otros planes. Con una calma absoluta y un gesto técnico que nos dejó a todos boquiabiertos, giró el cuerpo 180 grados en un movimiento fulminante y disparó él mismo.

Casillas, confiado en la inminente asistencia, se lanzó hacia Messi, intentando tapar lo que parecía un pase claro. Cannavaro también reaccionó, cerrando el espacio con rapidez, pero ninguno de los dos pudo anticipar el ingenio de Piqué. El balón salió disparado, imparable, y se coló en la portería del Real Madrid.

Era un gol que humillaba y maravillaba al mismo tiempo. El Bernabéu quedó en absoluto silencio. Piqué se estiró la camiseta mostrando orgulloso el escudo, un gesto de desafío que quedó grabado en cada espectador. De fondo, Robinson susurraba: «Son absolutamente superiores». La gente empezó a levantarse y a abandonar el estadio; aquel partido ya no tenía sentido verlo, ni sufrirlo.

El Real Madrid había recibido una lección. La derrota dolía, pero también enseñaba: ser el Madrid implica exigencia máxima, pero no hay invencibilidad que valga. Solo quedaba aceptar la humillación y trabajar para regresar más fuertes en la temporada siguiente.

El silbato final resonó en el Santiago Bernabéu, un sonido que parecía marcar el fin de la paciencia, la esperanza y la incredulidad de una afición que había vivido una noche de emociones extremas. El 2-6 no solo reflejaba la contundencia del resultado, sino también la distancia futbolística y psicológica que separaba al Real Madrid de un Barcelona que parecía intocable en aquella temporada.

En los vestuarios, el silencio era absoluto. Los jugadores del Madrid miraban al suelo, conscientes de que habían sido desarmados tácticamente, superados por una idea que cambiaba el fútbol y que aquel equipo blaugrana ejecutaba con precisión quirúrgica. En el banquillo visitante, Guardiola sonreía con una mezcla de orgullo y calculada determinación; sabía que había probado algo revolucionario y que su propuesta no solo había ganado un partido, sino que había plantado una semilla en la historia.

Sin embargo, en las oficinas del club blanco y en el corazón de la afición, el sabor amargo no tardó en convertirse en una necesidad de cambio. La derrota no se podía repetir, y alguien estaba decidido a no quedarse atrás. Esa noche, en la distancia, comenzaron a forjarse las ideas y las estrategias que darían origen a una de las rivalidades más intensas del fútbol moderno: Mourinho contra Guardiola, Madrid contra Barcelona, choque de filosofías, de orgullo y de imperios futbolísticos.

El clásico había terminado, pero la guerra apenas comenzaba.

Curiosidades

⚽ El 2-6 fue la mayor derrota del Real Madrid en casa ante el Barcelona desde hacía décadas, y uno de los resultados más abultados en la historia de los clásicos modernos.

⚽ Ese día, el Barcelona se acercó peligrosamente al título de Liga, con un dominio casi total.

⚽ La derrota marcó un antes y un después en la temporada del Madrid, que todavía luchó por el título hasta el final, pero vio cerrarse puertas importantes.

⚽ La última vez que el Real Madrid sufrió derrotas consecutivas en casa con una cantidad tan elevada de goles concedidos fue hace más de quince años, en mayo de 2009, cuando perdió 2-6 contra el Barcelona y 1-3 ante el Mallorca, ambos partidos en el Bernabéu.

⚽ El Real Madrid, tras perder 2-6 contra el Barcelona, perdió los siguientes cuatro partidos acumulando así cinco derrotas consecutivas.

⚽ El 2-6 alimentó la narrativa de «barrida azulgrana en el Bernabéu» y reforzó el dominio que el Barça ejercía en España y Europa en esa época.

⚽ El mismo Barça terminaría la temporada proclamándose campeón de la Liga 2008/09 con un número de puntos considerablemente superior al resto.

⚽ Ese Barcelona era parte del ciclo conocido como el «mejor Barça de la historia temprana», bajo la dirección de Pep Guardiola en su primera temporada completa como entrenador del primer equipo.

⚽ El Barça controló la posesión de manera dominante y generó más del doble de tiros a puerta que el Madrid en ese encuentro.

4
El nacimiento de
Mourinho vs. Guardiola

Alineaciones titulares

Real Madrid (4-2-3-1)
Casillas; Sergio Ramos (expulsado en el minuto 90+2 por roja directa), Pepe, Carvalho, Marcelo (relevado por Arbeloa en el 59); Xabi Alonso, Khedira; Di María, Özil (relevado por Lass Diarra en el 45), Cristiano Ronaldo; Benzema.

F. C. Barcelona (4-3-3)
Valdés; Dani Alves, Puyol, Piqué, Abidal; Busquets, Xavi (relevado por Keita en el 86), Iniesta; Pedro (relevado por Jeffren en el 87), Villa (relevado por Bojan en el 75), Messi.

Goles

Xavi Hernández — min 9
Pedro Rodríguez — min 18
David Villa — min 54
David Villa — min 58
Jeffren Suárez — min 90+1

Tras un año completamente en blanco para el Real Madrid y un sextete histórico para un Barcelona que, paradójicamente, había comenzado la temporada lleno de dudas y, además, con un entrenador sin experiencia, en el club blanco saltaron todas las alarmas. Había que iniciar un nuevo camino, tomar decisiones. Y quizá pienses que la respuesta fue prácticamente inmediata, que Mourinho era el elegido desde el principio. Pero no, en realidad no fue así. Su momento todavía no había llegado.

El relevo natural tras aquel año decepcionante —con Juande Ramos apagando incendios— fue Pellegrini. Y seguramente te preguntarás: «Si este capítulo trata sobre la rivalidad Mourinho-Guardiola..., ¿por qué aparece Pellegrini en esta historia?». Dame un instante. Todo encaja, vas a entenderlo.

La temporada 2009/2010 terminó exactamente igual que la anterior: el Barça volvió a ganar la Liga, la segunda consecutiva, y el Madrid encadenaba su segundo año sin levantar un solo trofeo. Dos temporadas seguidas en blanco, dos cicatrices abiertas en un club que vive para ganar. Como puedes imaginar, Pellegrini tenía los días contados; el proyecto necesitaba un giro radical, un golpe de autoridad, un líder que le devolviera la identidad... y el orgullo.

Y entonces, apareció él.

José Mourinho.

Un entrenador portugués que ya había construido una reputación legendaria antes de pisar el Santiago Bernabéu. En la temporada 2004/2005 había conquistado Inglaterra con el Chelsea de Abramóvich. En 2008 desembarcó en Italia para dirigir al Inter de Milán, donde logró el Scudetto en su primer año, y en el segundo firmó una de las temporadas más perfectas jamás vistas, el triplete: Liga, Copa y Champions.

Pero hay un detalle clave que lo cambia todo. Un gesto, un momento, un acto casi heroico a ojos del madridismo.

Mourinho fue el hombre que evitó la mayor humillación imaginable: que el Barcelona pudiera disputar —y ganar— una final de la Champions en el Santiago Bernabéu. Y es que en aquella temporada, la final se jugaba en Madrid. Y el Barça de Guardiola, después del 2-6, tras arrebatar ligas, récords y autoridad, apuntaba directamente a ese escenario. La posibilidad de ver al eterno rival levantando la Champions por segunda vez consecutiva, y haciéndolo en tu propia casa, era un miedo profundo, un terror silencioso dentro del club y entre la afición, un golpe del que quizá el Real Madrid tardaría años en recuperarse.

Y Mourinho, en las semifinales, fue el muro que lo evitó.

En el Camp Nou, con el Inter resistiendo como una fortaleza bajo asedio, su equipo defendió cada balón como si defendiera su propia vida. Y cuando el árbitro pitó el final, Mourinho —poseído por la adrenalina— corrió por el césped como un animal liberado. El Camp Nou apagó las luces. Activó los aspersores. Intentaron borrar la escena. Pero era demasiado tarde, la imagen ya era historia.

Esa noche, sin saberlo, Mourinho ya vestía de blanco.

Claro que importaban sus títulos, claro que pesaba su trayectoria, pero lo decisivo fue otra cosa: había salvado al Real Madrid de la mayor pesadilla imaginable y había demostrado que no temía enfrentarse al Barcelona de Guardiola en su máximo esplendor.

Ese fue el momento en que el madridismo entendió que Mourinho no solo ganaba. Mourinho desafiaba. Mourinho incendiaba. Mourinho defendía. Era exactamente lo que el club necesitaba.

Y así, con la imagen de los aspersores del Camp Nou aún brillando en las retinas de todo el mundo, comenzó una de las rivalidades más intensas, poderosas y emocionantes de la historia del fútbol moderno.

Florentino lo tuvo claro desde el primer segundo. Cuando el Real Madrid cerró su segundo año consecutivo en blanco, cuando el Barcelona levantaba títulos con una facilidad que dolía, y cuando Guardiola rozó un escenario que habría sido un trauma eterno —disputar la final de la Champions en el Santiago Bernabéu—, el presidente entendió que ya no bastaba con competir: había que protegerse, había que traer a alguien capaz de levantar un muro entre el Barça y la gloria.

Había que traer a un hombre que no se arrugara ante nada.

Y ese hombre era José Mourinho.

No llegó como un fichaje. Llegó como una declaración de guerra.

Era el técnico que había eliminado al Barcelona en las semifinales, el mismo que lo había celebrado corriendo en el Camp Nou bajo los aspersores que intentaron apagar su euforia, el hombre que había detenido la posibilidad más dolorosa para el madridismo: ver al Barça erigiéndose como campeón de Europa, otra vez, y, encima, en su templo. Mourinho no venía solo por sus títulos: venía porque había demostrado, sin palabras, que estaba dispuesto a desafiar al gigante catalán sin pestañear.

Y así, en mayo de 2010, aterrizó en Madrid. La ciudad lo recibió como quien espera a un salvador; el vestuario, como quien intuye que se acerca una revolución. Porque eso fue Mourinho desde el primer día: una revolución.

Las puertas de Valdebebas no se cerraron igual. El silencio no pesaba igual. La exigencia subió tres pisos de golpe. Con él, nada era opcional: ni correr, ni competir, ni creer. Y la sacudida no tardó en llegar.

Hubo despedidas que dolieron en el alma del madridismo: Raúl, símbolo eterno; Guti, magia pura; Metzelder. Fue un adiós silencioso, casi solemne, una parte indispensable de la reconstrucción.

Y, como en las grandes obras, tras el derrumbe llegó la creación.

Mourinho pidió piezas para su guerra. Y Florentino se las dio.

La velocidad de Di María, el cerebro encantado de Özil, la fiabilidad veterana de Carvalho, la disciplina alemana de Khedira. Jugadores con carácter, con hambre, con la voluntad de sufrir por un plan.

En apenas unas semanas, el Real Madrid comenzó a parecerse a algo distinto. Más sólido, más salvaje. Más consciente de sí mismo.

Había una obsesión en el aire: Europa. Diez años sin una Champions, diez años sin tocar una semifinal. Diez años viendo cómo la mística se desvanecía en eliminaciones crueles, en goleadas absurdas, en noches que parecían castigos.

Con Mourinho, esa maldición empezó a romperse. En su primera temporada, el Madrid volvió a sentir el vértigo de las grandes citas, volvió a mirar de frente a los colosos del continente, volvió a creer. Y como si el destino quisiera acelerar la historia, la semifinal fue precisamente contra el Barça de Guardiola.

Pero esa guerra —porque fue una guerra— merece su propio capítulo más adelante.

Antes de ese choque europeo hubo otro, igual de simbólico, igual de inevitable: el primer clásico entre Mourinho y Guardiola. El origen emocional de la rivalidad que cambiaría una época.

Una noche que no fue un partido, sino un manifiesto. Una noche que se escribió en rojo para el uno y en oro para el otro. Una noche que quedó grabada en la memoria con un número que nadie olvida:

5-0. El Camp Nou en éxtasis. Mourinho en su punto más oscuro. Y el mundo comprendiendo que acababa de nacer la mayor rivalidad del fútbol moderno.

El partido se disputó un 29 de noviembre de 2010. Mientras escribo estas líneas han pasado quince años exactos desde aquella debacle y, aun así, la sensación es la misma que entonces: el convencimiento previo de que esta vez sí, de que llegábamos más fuertes, más preparados, más equipo. O al menos… eso queríamos creer. Porque es verdad que el Barcelona venía de un sextete histórico, de otra liga consecutiva y de una semifinal de la Champions que solo había perdido tras una batalla de titanes. Pero también era cierto que el Real Madrid se había reforzado como hacía tiempo que no lo hacía. Había llegado un entrenador que no entendía de medias tintas ni de excusas: Mourinho no venía a competir; venía a romper, a quebrar la moral del mejor club del mundo en aquel momento, a erosionar su confianza dentro y fuera del campo, a enfrentarse sin miedo a la obra maestra de Guardiola.

Con él habían aterrizado futbolistas que hoy todavía se recuerdan con admiración. Di María y Özil, dos talentos que enamoraban con cada control, dos bailarines capaces de convertir un pase en poesía. He visto cosas en ellos que rozaban lo irreal, una clase infinita que aún hoy me despierta nostalgia. Pero no fueron los únicos. Un año antes, el 9 de julio de 2009, había llegado al club un tal Cristiano Ronaldo; ya entonces se intuía que se convertiría en una leyenda, pero lo que nadie podía imaginar era que acabaría siendo una de las fuerzas más decisivas para destruir el imperio azulgrana entre 2009 y 2015. Y con él, un joven Karim Benzema, que había aterrizado ese mismo verano y que, con el tiempo, regalaría noches inolvidables al club y un Balón de Oro a su palmarés.

Con todos ellos, con esa mezcla de talento, ambición y hambre, el madridismo llegó al Camp Nou creyendo que un nuevo ciclo estaba a punto de empezar. Sin embargo, no sabía que, esa noche, lo que comenzaba era una rivalidad que marcaría una era entera del fútbol mundial.

Eran casi las nueve de la noche y, como casi siempre en días de clásico, en casa ya estaba todo preparado desde hacía una hora. Esta vez no tocaban churros con chocolate; la ocasión pedía pizzas humeantes y refrescos bien fríos, porque si era la hora perfecta para cualquier partido…, imagina para un clásico.

Lo curioso es que aquel 29 de noviembre caía en lunes, un día rarísimo para programar un duelo así, pero al menos respetaron el horario. Echo muchísimo de menos la época en la que el fútbol español pertenecía a quienes lo vivíamos aquí, cuando las emisoras de televisión no habían convertido el calendario en una subasta internacional. Hoy, con la obsesión de contentar a China, a Estados Unidos y a medio planeta, nos toca tragar con clásicos en un sábado a las cuatro y cuarto, en mitad de la tarde, rompiendo el día a la fuerza para que en otros países puedan verlo a una hora decente. Vergonzoso, desde mi más humilde opinión…, pero es lo que hay. Y aun así, nada me va a quitar un clásico. Pido la baja laboral si hace falta —es broma, por si mi jefe sabe leer entre líneas—. Aunque, quién sabe…, quizá un día toque hacerse el enfermo para «descansar» en casa y, de paso, casualmente, ver el partido.

Pero volvamos a aquel lunes. Las pizzas ya ocupaban la mesa como si formaran una parte imprescindible del ritual, y nosotros estábamos listos para vivir otro clásico más. Habíamos visto decenas, pero todos transmitían la misma electricidad, la misma emoción. Lo que no sabíamos era que, con la llegada de Mourinho, los clásicos dejarían de ser partidos para convertirse en otra cosa.

Ya no serían batallas, serían guerras. Ya no se buscaría ganar, se buscaría humillar. Ya no habría respeto en las ruedas de prensa, ni cordialidad, ni tregua.

Recuerdo perfectamente cuando Mourinho, en una de esas conferencias incandescentes, habló de «Pep» con esa ironía afilada tan suya... y Guardiola, con esa calma que a veces daba más miedo que un grito, le respondió llamándolo «José»; fue tan icónico como el famoso: «¿Por qué? No sé si es UNICEF, la UEFA...». Aquello no eran simplemente palabras: era el preludio de una guerra mediática y deportiva que marcaría una era.

Y nosotros, sentados en casa con la pizza en mano, aún no sabíamos que estábamos a punto de presenciar el primer estallido real del conflicto: el 5-0 que escribiría para siempre el nacimiento de la rivalidad Mourinho vs. Guardiola.

Pero cuando os hablo de realidad, lo digo con el corazón en la mano: el Real Madrid llegaba a ese clásico con otra cara. Era una temporada que había empezado de manera brillante bajo el mando de José Mourinho; llegábamos a ese partido como líderes, dos puntos por encima del Barcelona, y eso convertía —una vez más— el clásico en una batalla por el liderato. Casi como siempre, sí..., pero esta vez parecía distinto.

El equipo volvía a competir, volvía a intimidar, volvía a golear y, sobre todo, volvía a convencer. Había una sensación en el ambiente, en las tertulias, en los bares, en mi casa... de que esta vez sí, de que podíamos meterles mano; y en su estadio. Qué ingenuidad, la nuestra.

Solo diré una cosa antes de que continuéis leyendo este capítulo, uno de los más dolorosos para los madridistas: Marcelo, en un pódcast de Iker Casillas llamado *Bajo los palos*, explicó que este fue el peor partido que recuerda en toda su carrera; cerró la conversación con una frase que lo resume absolutamente todo: «No veíamos la bola...», y razón no le faltaba.

Nueve menos diez. Los equipos ya abandonaban los vestuarios. Se formaban en el túnel y, segundos después, aparecían sobre el césped, cada uno ocupando su lado para las fotos oficiales.

El Real Madrid vestía de blanco puro, con esas franjas oscuras en las mangas y el viejo patrocinio de Bwin en el pecho. El Barça lucía las franjas azulgranas algo más anchas que otros años, el logo de TV3 en el brazo izquierdo y, entre su escudo y el símbolo de Nike, un emblema que dolía de ver: el de campeón del mundo. Ese escudo coronado con el Mundialito de Clubes brillaba más que la propia noche.

Las alineaciones..., los once de gala. Nada de experimentos.

El Barça mantenía su 4-3-3 eterno, el mismo que aún hoy —en 2026— sigue siendo su identidad. En la portería, Víctor Valdés. En el centro de la defensa, Puyol y Piqué, inamovibles, la muralla catalana. En el lateral derecho, Dani Alves, un puñal que te mataba por desgaste. A la izquierda, Abidal, el luchador que derrotaría un cáncer de hígado. De pivote, Sergio Busquets, intrascendente para muchos... menos para uno; Guardiola lo subió al primer equipo y, un año después, lo convirtió en el mejor cinco de la historia del fútbol. A los costados, Iniesta y Xavi: dos magos, dos poetas, dos titanes silenciosos. En la derecha, Pedro; lo llamaban Pedrito por su tamaño, no por su talento. En la izquierda, David Villa, el Guaje, el líder de la Roja campeona del mundo. Y en el centro... el terror; Leo Messi como falso nueve, la idea revolucionaria que Guardiola explotó durante años y que destrozó a media Europa.

El Real Madrid de Mourinho se armó con un 4-2-3-1 diseñado para la guerra. Casillas, el Santo, bajo palos. Pepe y Carvalho, como pareja de centrales: dos guerreros, dos martillos, la versión más pura del fútbol de Mourinho. En la derecha, Sergio Ramos, la leyenda blanca. En la izquierda, Marcelo, el mejor lateral izquierdo que he visto en la vida junto a Roberto Carlos. Doble pivote para Xabi Alonso: la brújula, el pase, el equilibrio, acompañado de su escudero perfecto, Khedira: sacrificio y disciplina. De mediapunta, el genio: Mesut Özil, un jugador capaz de ver pasillos donde no existían. En las bandas, Di

María a la derecha —electricidad pura— y Cristiano a la izquierda, potencia, hambre y gol. Y arriba, Karim Benzema, el delantero que jugaba como un mediapunta disfrazado, el hombre que acabaría convirtiéndose en Balón de Oro.

A las nueve en punto de la noche, el Camp Nou rugía como si el mundo entero hubiera decidido reunirse allí. Eduardo Iturralde González se llevó el silbato a la boca y, con un leve gesto, dio inicio a uno de los clásicos más recordados —para bien o para mal— en la historia reciente. El balón empezó a rodar y en mi casa nos quedamos congelados, como si alguien hubiese pulsado un botón de pausa justo antes de un momento histórico.

La emoción era casi física. Se podía tocar en el ambiente. Notabas la tensión al respirar, la adrenalina al parpadear, el nervio al mover una pierna sin darte cuenta. Desde la calle llegaba un murmullo constante: algunos vecinos que gritaban el primer pase, otros que aún discutían las alineaciones… Aquello no era un partido, era un evento nacional, una prueba de fe.

En casa estábamos eufóricos. La situación era inmejorable. Ganar al Barcelona significaba escaparnos cinco puntos en la Liga. Y, si me apuras, incluso el empate nos servía, porque transmitíamos fortaleza, convicción, una autoridad que no veíamos desde hacía tiempo. ¿Qué podía salir mal? Se lo pregunté a mi padre, medio en broma, medio buscando reafirmar la sensación de confianza absoluta que todos teníamos.

Él, con esa calma suya que parece sacada de un manual de sabiduría popular, me soltó la frase que arrastrará hasta el fin de los días: «Bueno, bueno…, no nos confiemos, que estos son capaces de meternos una manita si nos dormimos». Gracias, papá. Aquella noche la mufaste, pero bien. Como cuando en mis directos digo algo y, acto seguido, sucede lo contrario. Pero te quiero igual… y no fue culpa tuya. Aunque… bueno…, un poquito sí.

Hay algo que recuerdo como si fuera ayer. A pesar de que la rivalidad llevaba un año fermentando, desde aquella inolvidable semifinal en la que el Inter de Mourinho había eliminado al Barça de Guardiola con tintes de tragedia azulgrana, aquella noche, esa historia —curiosamente— no parecía ser la protagonista. Podías pensar que lo serían el Real Madrid y el Barcelona…, pero no, no del todo. Esa noche comenzaba —sin que nadie fuese realmente consciente de ello— otra rivalidad paralela, una rivalidad que no solo sería mediática, sino cósmica, descomunal, capaz de dividir al planeta entero en dos. Una rivalidad entre los dos astros más determinantes, más extraordinarios y más incomparables que jamás haya visto sobre un campo de fútbol.

Ni Pelé. Ni Maradona. Ni Cruyff. Ni Platini. Nada se parecía a lo que estaba a punto de fraguarse.

Y es que esa noche, las cámaras no buscaban al banquillo ni al árbitro, ni al típico jugador que se queda rezagado ajustándose las medias. No. Esa noche cada objetivo, cada zoom, cada plano corto buscaba solo dos rostros: el de Cristiano Ronaldo y el de Lionel Messi. Los dos futbolistas que venían de ganar un Balón de Oro cada uno. Cristiano lo había ganado en 2008, Messi en 2009, y lo que nadie sabía todavía era que estaban a punto de iniciar el dominio casi exclusivo de ese premio durante una década entera. Hasta 2018, cuando Modrić rompió la racha, el Balón de Oro solo tuvo dos nombres, como si el resto del mundo fuera una simple decoración. Diez años. Diez años de rivalidad. Diez años de excelencia absoluta. Diez años del listón más alto que el fútbol moderno haya visto jamás.

Ambos se alimentaban mutuamente; si uno marcaba un sábado, el otro le respondía con un doblete el domingo. Si uno hacía un triplete por la tarde, el otro se lo devolvía por la noche. Y lo mejor es que los rivales lo sabían. Miranda —el ex del Atlético— lo contó años después: antes de enfrentarse al Madrid de Cristiano, lo primero que miraban era si Messi había marcado el día anterior, porque si eso había ocurrido, podían dar por hecho que Cristiano saldría ese día a meter dos goles por lo civil o por lo criminal —ya me entiendes—. Era una cuestión de orgullo, de ego competitivo, de narices torcidas y colmillos afilados.

Esa era la tensión que flotaba en el aire antes del pitido inicial. No se trataba solo de un clásico, sino que era el escenario principal de la guerra más legendaria entre dos titanes del deporte. El portugués llegaba a ese partido en un estado de forma casi irreal, encabezando la tabla de goleadores con catorce tantos en once jornadas. Su eficacia era descomunal, una sensación constante de que cada balón que pasaba por sus botas podía acabar en la red. Cristiano alcanzaba esa clase de rendimiento que se ve muy pocas veces, cuando un futbolista parece estar por encima del propio juego. Al otro lado, como una sombra que nunca cedía terreno, aparecía Leo Messi. Sus números no se quedaban atrás. Trece goles en once partidos. Siempre ahí, siempre cerca, siempre igual de letal. Messi avanzaba en silencio, sin estridencias, con ese estilo que parecía simple pero que escondía tal capacidad para decidir los partidos que rozaba lo inexplicable.

Respectivamente, trece y catorce goles en las primeras once jornadas. Mirado con perspectiva, cuesta asimilarlo. En aquel momento tampoco éramos conscientes de lo extraordinario que resultaba ver a dos jugadores de tal calibre compartiendo época, midiéndose semana tras semana, empujándose mutuamente hacia una excelencia que ya forma parte de la historia del deporte. No era normal, no era habitual ni repetible. Cristiano y Messi estaban escribiendo, casi sin quererlo, la mayor rivalidad individual que veremos jamás en un campo de fútbol; una lucha continua, un pulso infinito que mantenía al mundo entero pendiente de lo que hicieran uno y otro en cada jornada.

El partido comenzó como empiezan los clásicos que importan de verdad, con esa energía eléctrica que parece salir del suelo, sin tiempo para cálculos ni para medir riesgos. A los pocos minutos llegó el primer aviso del Real Madrid. Cristiano cayó a la banda derecha, encaró a Abidal y empezó a desplegar una de sus bicicletas, ese gesto tan suyo que parecía ralentizar el mundo durante un instante. Abidal intentó anticiparse, pero Cristiano lo superó con una facilidad que, en directo, imponía. Llegó hasta la línea para poner el centro al área en el minuto 3 del partido.

Benzema se lanzó al remate, pero le faltaron unos centímetros. Valdés, atento, bloqueó el balón como solía hacerlo, firme, seguro, cerrando el cuerpo y atrapando la jugada con una naturalidad que frustraba a cualquier delantero. Entonces sucedió algo curioso: desde el centro de Cristiano hasta el bloqueo de Valdés, el Camp Nou quedó en silencio. Un vacío sonoro extraño, como si el estadio entero se suspendiera en una única respiración.

En casa ocurrió lo mismo. Nadie habló, nadie se movió, como si cada acción tuviera un peso demasiado grande para procesarla. Y cuando Valdés se levantó con el balón entre las manos, el Camp Nou volvió a rugir. Esa reacción despertó algo en mí. Cogí a mi padre del brazo, lo moví con la emoción del momento y le dije, casi en un susurro acelerado, que aquella noche no nos caerían cinco. Era una afirmación más emocional que lógica, un intento de aferrarme a una ilusión que, sin saberlo aún, estaba destinada a desmoronarse poco después.

La respuesta de Messi no tardó ni dos minutos en llegar. Minuto 5; exactamente, dos después de la ocasión de

Cristiano. La maldición de los dos minutos… «Ya empezamos bien», pensé con una mezcla de broma y resignación. Messi recibió el balón dentro del área, en la esquina derecha, muy cerca de la línea del área pequeña. Y en cuestión de un parpadeo, ya tenía encima a tres jugadores del Real Madrid; entre ellos, Benzema. Ese detalle siempre me ha parecido revelador: Messi generaba tanto peligro que aquel día la orden era clara: si la tocaba él, defendían incluso los que llevan peto y controlan al público. No exagero.

Benzema, un delantero puro, se vio obligado a retroceder hasta su propia área para intentar cerrar líneas y frenar la circulación del Barça, esa que Mourinho conocía bien y temía aún más tras su etapa en Italia. Messi, con ese gesto técnico tan suyo, recortó un paso, levantó la vista y ejecutó un disparo bombeado al segundo palo. Un golpeo con interior, con rosca, con esa precisión quirúrgica que hacía parecer que el balón se iba largo…, hasta que de pronto empezaba a caer hacia la portería con un veneno indescriptible.

Casillas, que protegía el primer palo, tuvo que reaccionar a una velocidad sobrehumana. Salió disparado hacia el segundo, pero estaba vendido. No había milagro posible. El balón viajaba con la altura exacta, con la fuerza precisa y con la cruel intención de quien está acostumbrado a desafiar las leyes de la física. Era un golazo anunciado.

Pero Messi no midió al único rival que podía frenarlo esa noche en esa jugada: el larguero. El balón golpeó en él como un martillazo y salió despedido. Messi se quedó quieto unos segundos, caminando hacia atrás, lamentándose por lo que había parecido el primer gol de la tarde.

En casa nos miramos en silencio. Ese era el primer aviso de lo que se venía. Y casi sin darnos cuenta, la cámara enfocó a Mourinho, que ya en el minuto 6 estaba escribiendo en su famosa libreta. «¿Qué estará apuntando?», pregunté medio en broma. Mi padre, sin mirar la pantalla, respondió: «Sudokus... o la lista de la compra, porque lo de parar a este Barça no se apunta, se reza». Nunca sabremos qué escribió. Pero ojalá hubiera sido un sudoku, al menos eso tenía solución.

Minuto 9. Ni diez minutos habían transcurrido y el Barcelona ya estaba dando señales de que aquella noche sería diferente... y no para bien. Todo empezó con una jugada aparentemente inocente: una circulación más del Barça, esa que repetían tantas veces hasta que el rival respiraba cansado. Alves para Busquets, Busquets para Iniesta, Iniesta para Xavi..., el triángulo eterno que nos ha atormentado más de una década.

Leo Messi, que aquella noche no tenía una posición fija y jugaba por el campo entero como si el césped fuera únicamente suyo, recogió un balón en el círculo central. Apenas necesitó dos toques para levantar la cabeza y detectar, con ese radar que solo él posee, a Andrés Iniesta perfectamente colocado en la banda izquierda, justo a la altura del carril del ocho. Le cedió un pase tenso, quirúrgico, que deshizo de un plumazo una línea entera del

Real Madrid. Así era Messi: su mera presencia generaba tal pánico que cuatro jugadores, cuatro, abandonaron su sitio para achicarlo como si fuera una bomba a punto de estallar. Cristiano, Khedira, Xabi Alonso e incluso Pepe saltaron al corte. Se trataba de Messi... y, ante Messi, el instinto es sobrevivir, no defender.

El Madrid intentó reconstruir su estructura sobre la marcha: Marcelo, actuando como central improvisado; Di María, metiéndose casi como lateral..., pero era inútil. El Barça transicionaba con el balón más rápido de lo que el Madrid transicionaba sin él. Era como intentar tapar el agua con las manos: siempre se escapa por algún lado.

Antes de que el Madrid pudiera recomponerse y cerrar filas, Iniesta filtró un pase celestial entre Carvalho y Marcelo. Qué visión, qué sangre fría; era un pase de esos que rompen la jugada en dos. Marcelo llegó a tocar el balón en una estirada sobrenatural, de esas en las que pones el alma más que la pierna..., pero lo rozó, solo lo rozó. No fue suficiente.

El balón le cayó a Xavi botando, a la espalda, como si la suerte —o el destino, o el mismísimo diablo— hubiera decidido participar. El control no fue ni limpio ni estético, sino puro instinto: el balón rebotó, giró y, de repente, se encontró justo delante de él, invitándolo a rematar. Y Xavi, que quizá nunca sobresalió como el más goleador, sí que era el más inteligente. Con un toque sutil, casi una vaselina improvisada, picó el balón ante la salida desesperada de Casillas.

El tiempo se detuvo. El balón voló. Y el Camp Nou rugió cuando besó la red.

1-0. Minuto 9. Un mazazo.

En casa nos quedamos congelados. Ni diez minutos, y ya no sabíamos dónde meternos. El Madrid había tenido una ocasión aislada, un centro de Cristiano en el minuto 3 y pico…, pero nada más. El Barça, en cambio, ya dominaba el partido como quien escribe su propio guion.

Mi padre me miró, sin expresión, sin emoción, sin rabia siquiera. Solo me dijo, con esa resignación que duele más que el propio gol: «Ojalá no sean cinco…».

Y todavía no sabíamos lo que venía.

Sin duda, el Barcelona se adueñó de la posesión del balón. Era su hábitat natural, su identidad, algo a lo que jamás renunciaban. Sin embargo, de alguna manera dio la sensación de que el Madrid había despertado. Como si el gol, lejos de hundirlos, hubiese activado ese orgullo que siempre los ha caracterizado. A veces parece que, cuando golpeas al Real Madrid, lo único que haces es encender una chispa peligrosa.

Los contraataques blancos tomaron un filo intimidante. Cada recuperación llevaba un mensaje claro para el Barça: no os relajéis, esto no será tan sencillo.

Y entonces, casi como una broma del destino, dos minutos después del gol, en el minuto 11, llegó el primer gran rugido del Madrid. Cristiano inició la jugada con esa zancada imposible, esa conducción a la que solo él podía llegar. Se lanzó hacia delante como un puñal, levantando al equipo entero con él. En un abrir y cerrar de ojos cambió la orientación del ataque con un pase perfecto hacia Di María, que aparecía ya por la banda contraria, como si ambos se hubieran intercambiado las posiciones en pleno partido.

El argentino no lo dudó. Controló, orientó el cuerpo y soltó un disparo seco, violento, de esos que llevan veneno y destino de gol. El Camp Nou contuvo la respiración.

Pero ahí estaba Víctor Valdés, en el mejor momento de su carrera, en ese estado de gracia en el que cada balón parece ir a cámara lenta para él. Se estiró con una potencia antológica, rozando el balón con los dedos, desviándolo lo justo para evitar el empate. Un auténtico paradón, uno de esos que no cuentan en el marcador, pero sí en el alma del partido.

El 1-1 parecía inevitable... y, sin embargo, seguía brillando ese 1-0 que dolía, que quemaba, que nos recordaba a todos que aquello no era un clásico cualquiera.

Casi inmediatamente, el Real Madrid volvía a tener otra ocasión manifiesta de gol. Era como si el partido estuviera en un bucle de vértigo en el que cada jugada blanca tenía veneno y cada transición azulgrana escondía arte. Y otra vez, cómo no, Cristiano era el protagonista. Ahora arrancaba por la banda izquierda, encarando con esa mezcla de potencia, velocidad y desafío que solo él transmitía. Y da igual que fuera Messi o Cristiano: había ciertos futbolistas en ese partido que no podían ser defendidos por un solo hombre. Si no los cerraban con dos o tres, simplemente no les quitaban el balón.

El Barcelona lo sabía, y por eso la banda de Cristiano se comprimió en un instante. Tres jugadores azulgranas fueron a por él como si se tratara de una alarma que sonaba a todo volumen. Sin embargo, esa acumulación tuvo un coste: dejó el centro totalmente despoblado, creando un «uno contra uno» inesperado entre Benzema y Abidal. El francés del Barça estaba cerrando hacia dentro por la basculación exagerada del equipo para frenar al portugués, y eso creó justo el hueco que Cristiano necesitaba ver.

El pase llegó raso, preciso, punzante, buscando el espacio justo a la espalda de Abidal. Era el tipo de balón que Benzema solo necesitaba rozar para convertirlo en un peligro real. Pero Abidal, que era pura intuición cuando defendía, leyó la jugada antes de que ocurriera. Se lanzó al suelo con una estirada desesperada, extendiendo la pierna como último recurso y tocando el balón con la punta de la bota, desviándolo lo suficiente para arruinar el remate del delantero del Madrid.

Fue un despeje mínimo, casi invisible, pero decisivo. Un toque que salvó al Barcelona de un posible empate y que confirmó que, en apenas doce minutos, aquel clásico ya ardía por todos lados.

En casa volvíamos de la desesperación a la esperanza, del silencio al ruido. Cada jugada del Madrid nos hacía contener la respiración y luego soltarla con un suspiro de alivio. Creíamos en este equipo, en su capacidad de levantarse ante cualquier adversidad. Creíamos en el plan de Mourinho, en esa táctica que había despertado al Madrid de un letargo que parecía eterno. La idea no era solo competir, sino plantar cara, desafiar al Barcelona y demostrar que el blanco podía volver a dominar, que aún había orgullo, fuerza y hambre en cada jugador. Cada pase, cada recuperación, cada arrancada de Cristiano o de Di María nos hacía sentir que esa noche algo podía cambiar, que aún no estaba todo perdido.

El partido estaba más vivo que nunca; el Real Madrid, más frenético que al principio y, sobre todo, más peligroso. Y Guardiola lo leyó en un instante. Ordenó a los suyos que bajaran pulsaciones, que adormecieran el ritmo con posesiones largas, que no entraran en el intercambio de golpes que proponía el Madrid. «Controlad la pelota, enfriad el partido», pedía desde la banda. Y el Barcelona obedeció.

Tras una secuencia casi interminable de pases, una de esas jugadas en las que todos tocan el balón menos el portero, llegó el segundo tanto. La acumulación de toques en el sector derecho obligó al Madrid a bascular con urgencia, a meter a hombres y más hombres para presionar al poseedor. Pero aquel Barcelona tenía un talento especial: se hacía gigante en los espacios pequeños, en los callejones estrechos donde nadie más podía respirar.

Cuando el Madrid ya tenía a medio equipo pendiente de Messi y de la combinación en la derecha del Barcelona, Xavi lanzó un cambio de juego preciso hacia un hombre completamente solo: David Villa. Sergio Ramos salió disparado a por él, pero el control del asturiano fue impecable. Lo bajó, lo encaró y obligó a todo el Madrid a intentar recomponerse como pudiera.

Villa amagó hacia dentro, luego hacia fuera, llegó a la línea de fondo y soltó un centro que Ramos no alcanzó a tapar, Pepe tampoco y Casillas llegó a rozarlo…, pero no lo suficiente. El desajuste defensivo provocado por esa larguísima posesión azulgrana, por ese vaivén de un lado a otro, dejó a Pedro llegando solo desde atrás. Se adelantó a Marcelo y empujó el balón hacia la red.

2-0. Minuto 18.

Recuerdo perfectamente esa sensación en casa; cómo pasábamos de la fe a la frustración en cuestión de segundos, como si te despertaran de un sueño perfecto para devolverte a un lunes gris. Ese 2-0 pesaba como una losa, y se notaba en el ambiente. La cosa se complicaba, y aunque la esperanza siempre es lo último que se pierde… ya comenzaba a escaparse entre los dedos.

El Barcelona había empezado el partido de forma implacable, un vendaval futbolístico imposible de contener. Mourinho resoplaba en la banda, caminando de un lado al otro, con esa mirada perdida que pocas veces se le veía. Mi padre lo observó y dijo: «Está superado… Creo que no sabe cómo responder». Yo solo pude contestarle: «¿Y quién sí? Esta gente juega a otro ritmo».

Cristiano, al ver que las cosas no fluían, empezó a perder los nervios. Se le notaba en cada gesto, en cada carrera, en cada protesta. Y entonces llegó una de las escenas más recordadas del partido: la enganchada con Pep Guardiola.

El balón salió por banda y Cristiano fue a recogerlo para reanudar cuanto antes, pero Guardiola, que tenía la pelota en las manos, se la ofreció... o eso parecía. Cuando Cristiano fue a cogerla, Pep soltó la pelota al césped con un gesto claramente provocador, casi burlón, como si dijera: «No te la doy yo, cógela del suelo». Pura maniobra psicológica. Cristiano reaccionó con un empujón leve en el hombro derecho de Guardiola, lo justo para desequilibrarlo un instante. Guardiola bajó la cabeza, serio, casi sin mirarlo, y su expresión decía más que mil palabras: «Lo he conseguido. Está fuera del partido».

Pep sabía perfectamente que la única posibilidad real de que el Madrid remontara aquel infierno era Cristiano Ronaldo. Y si lograba desquiciarlo, si lograba sacarlo mentalmente del partido..., el resto vendría solo. Y así fue: el Barça dominaba el campo y Guardiola también comenzaba a dominar la mente del rival.

Y así empezó la primera tangana del partido. En cuanto Cristiano empujó a Guardiola, los jugadores del Barcelona se abalanzaron sobre él como si hubieran activado un resorte. El primero en encarársele fue Andrés Iniesta, algo poco habitual en él, pero aquel Barça vivía esos clásicos como guerras silenciosas. Detrás llegó David Villa, siempre temperamental, y Dani Alves apareció como un imán para cualquier bronca, seguido por más azulgranas que rodearon al portugués sin dudarlo.

El Camp Nou rugía, los nervios crecían, y España entera veía cómo la temperatura del partido subía en cuestión de segundos. Pero lo que muchos no sabían, lo que aún no entendía del todo el país, era que Cristiano Ronaldo crecía ante las adversidades. Cuando intentaban humillarlo, cuando lo buscaban, cuando lo provocaban…, él se volvía más peligroso. Era su gasolina.

Y lo demostró enseguida. Ni cinco minutos después de aquella enganchada, Cristiano tuvo una falta en zona lejana, levantó la cabeza y, sin pensárselo dos veces, soltó uno de sus disparos marca de la casa. Un chut potentísimo, seco, tenso, que salió rozando el palo derecho de Valdés. Por un instante, el Camp Nou enmudeció. El silencio fue casi tan sonoro como un gol.

Cristiano se dio media vuelta, serio, con la mandíbula apretada y la mirada clavada en el horizonte. En su rostro se leía un mensaje muy claro: «Conmigo en el campo… no lo vais a tener tan fácil».

El Barça dominaba, sí, pero Cristiano acababa de recordarles que un partido así nunca estaba cerrado mientras él siguiera respirando. El delantero más fiable del Madrid estaba cada vez más encendido y más presente, cada vez más insistente. Cristiano parecía jugar contra el mundo, pero cuanto más difícil se volvía el contexto, más se enchufaba él. Y justo cuando el Madrid parecía agarrarse al partido como podía, llegó la primera gran polémica de la noche.

Faltaban siete minutos para el descanso cuando Benzema filtró un pase al área, un envío medido hacia la izquierda, casi pegado a la línea lateral. Cristiano apareció como un rayo, atacando el espacio con esa zancada tan suya, como si hubiera visto el balón un segundo antes que todos los otros. Valdés salió al cruce convencido de que llegaría primero, seguro de que despejaría la jugada antes de que Cristiano pudiera siquiera tocar el balón.

Sin embargo, no midió algo esencial: la velocidad del portugués. Cristiano llegó antes, tocó el balón, lo desvió lo justo para evitar a Valdés. Pero cuando un portero ya está lanzado, no hay marcha atrás… y el impacto fue inevitable. Valdés lo arrolló. Le enganchó las piernas. Le hizo una tijera brutal en el pie de apoyo. Cristiano voló por los aires y cayó al suelo con estrépito.

Era penalti. Un penalti clarísimo, de los que se ven una vez y no hay duda, de los que no necesitan repetición, de los que hasta el rival sabe, en su fuero interno, que lo son.

Y de pronto, algo incomprensible. Iturralde González señaló… saque de puerta.

Cristiano se quedó plantado, manos en la cintura, respirando hondo como quien intenta no explotar, pero entendiendo perfectamente el mensaje. Aquella noche, por mucho que hiciera y peleara, por mucho que se rebelara…, ya había un ganador predestinado.

En casa explotamos. Nos levantamos de golpe, como si el suelo hubiera temblado bajo nuestros pies. Al unísono gritamos: «¡Penalti!», «¡¿Cómo que no lo pita?!», «¡Pero si es clarísimo!». Fue una mezcla de rabia, incredulidad y resignación. Y cuando vimos a Cristiano girarse lentamente, con la mirada perdida y el gesto torcido… lo supimos.

En ese instante, igual que él, dimos el partido por perdido, porque hay noches en las que no juegas solo contra once. Y esta era una de ellas. Ese penalti, por muy pronto que fuera, tenía toda la pinta de poder cambiarlo absolutamente todo. Primero, por el contexto del partido; segundo, porque el encargado de lanzarlo habría sido Cristiano Ronaldo, uno de los especialistas más letales de la historia desde los once metros, y tercero, porque ese Madrid necesitaba un pequeño impulso, un detalle, un instante para meterse en el choque… y aquel instante se lo arrebataron de cuajo.

Sin embargo, no solo se trataba del gol que podría haber sido, sino de la sensación de injusticia, del golpe moral, de la certeza de que algo no encajaba. A raíz de esa decisión incomprensible de Iturralde, el partido dio un giro que se sintió inmediato, casi físico, como si alguien hubiera bajado una palanca y el ambiente hubiese cambiado de color.

A partir de ahí, el fútbol dejó de ser fútbol.

Empezaron las trifulcas, los empujones, los cruces de miradas desafiantes; cada disputa era una guerra, cada choque, un incendio. Los manotazos volaban, los agarrones pasaban de ser «normales» a convertirse casi en un deporte. Y las tarjetas... las tarjetas parecían brotar del bolsillo del árbitro como si fueran confeti. Amarillas por protestar, por llegar tarde, por respirar fuerte. Amarillas para unos, advertencias para otros. Un clásico manchado por decisiones, tensiones y un clima que ya no tenía marcha atrás. El partido se volvió gris. Gris en el juego, gris en el ambiente, gris en el alma. El espectáculo del balón quedó enterrado bajo una capa de frustración, de impotencia y de rabia contenida. Y el Barcelona, experto en navegar en aguas turbulentas, comenzó a crecer, mientras que el Madrid, que había empezado con orgullo y convicción, se desinflaba poco a poco, envenenado por la sensación de «no nos dejan».

Ese penalti fallado... o, mejor dicho, ese penalti no señalado, fue el punto de inflexión de la noche. A partir de ahí, nada volvió a ser igual. Y lo peor es que todos, absolutamente todos, lo notamos.

Llegó el descanso y en casa seguíamos exactamente igual: murmurando, renegando, repasando una y otra vez la acción del penalti como si fuéramos el equipo arbitral del VAR, pero con más pasión y menos paciencia. Cada repetición nos dejaba más claro que no había lugar para el debate, que aquello era un penalti «de los de antes, de los de ahora y de los de dentro de treinta años», resultaba incomprensible. Y esa sensación flotaba en el ambiente como un nudo en el estómago.

Comenzó la segunda parte y Mourinho, consciente de que el centro del campo se había convertido en un agujero negro, decidió mover ficha. Quitó a Özil, desaparecido entre el asfixiante dominio azulgrana, e introdujo a Lass Diarra para ganar músculo, intensidad y algo de orden en esa zona donde el Barcelona estaba haciendo lo que quería. Sin embargo, el ajuste se quedó en una intención, porque el Barcelona, lejos de aflojar, salió con la misma determinación que en la primera mitad, como si no fueran ganando 2-0, sino perdiendo. Los ataques seguían llegando en oleadas, los toques rápidos volvían a romper líneas y la sensación en casa era clara: el Madrid se estaba hundiendo; no físicamente, sino emocionalmente.

La moral, que al inicio del encuentro había sido casi insolente —la mezcla de esperanza y desafío que tiene el madridista cuando se sabe capaz de todo—, iba cayendo a pedazos. La injusticia del penalti no pitado, la impotencia ante el dominio azulgrana, la incapacidad de conectar tres pases seguidos…, todo pesaba, en los jugadores y en nosotros.

Y mientras tanto, el Barcelona seguía creciendo. En cada pase, en cada triangulación y en cada llegada. El plan de Mourinho, aquel plan que había parecido tan sólido unas horas antes, se resquebrajaba sin remedio. Y lo peor era que todos lo veíamos venir… como si estuviéramos en una película de terror en la que ya sabes quién va a abrir la puerta equivocada.

Y vino el tercer gol, aunque ya se avecinaba desde hacía minutos. Minuto 54: Messi, en el borde del área, conectó con Villa ante una defensa desorganizada y sin fe, y Villa no perdonó. Dejó correr el balón y, con la pierna derecha, lo cruzó ante Casillas, que no pudo hacer absolutamente nada. El Guaje corría hacia la esquina de espaldas, sonriendo y señalándose el nombre. Al mismo tiempo, Ramos volvía a su posición cabizbajo, gesticulando que no, que no se lo podía creer.

El Madrid ya no era el Madrid. Era un equipo deshecho, roto por dentro, que arrastraba la camiseta como si pesara cien kilos, y se veía en los gestos, en las miradas perdidas, en los silencios incómodos entre compañeros que ya ni sabían qué decirse.

Entonces, como si el destino quisiera rematarnos, llegó el cuarto. Solo tres minutos después. La jugada empezaba lejos, tan lejos como nuestras esperanzas. Messi recibía en mitad del campo, ese Messi que en aquella época no corría, flotaba. Escapó del primer defensa, el segundo salió a taparlo y él lo dejó tirado con un simple movimiento de cintura. Recortó hacia su izquierda y, mientras el Camp Nou animaba y pedía más, Villa ya había olido sangre.

El pase filtrado fue perfecto, a la espalda de Ramos, que apenas tuvo tiempo de girar la cabeza para ver cómo Villa se plantaba solo ante Casillas. Iker salió desesperado, intentando achicar lo inachicable. Pero Villa, con ese golpeo seco, preciso, cruel... cruzó el balón al segundo palo. Gol. Otra vez. 4-0. Minuto 58.

Yo solo podía pensar: «Que alguien pare esto, por favor». Mi padre y yo nos mirábamos sin mirarnos, buscando unas respuestas inexistentes; el silencio en casa pesaba más que cualquier grito del Camp Nou. Me volví hacia él y, con la voz temblorosa, le dije: «Ojalá tengas razón y solo nos caiga una manita..., porque como siga esto así, pueden caer hasta dos». Mi padre asintió muy despacio, sin despegar la mirada de la pantalla; estaba en shock, estábamos en shock. Ese 4-0 no era un resultado, sino una herida abierta que no dejaba de sangrar.

Mourinho ni siquiera se movía de su silla, como si estuviera clavado en el suelo, intentando asimilar lo que veía. Casillas levantaba los brazos, suplicando a sus compañeros, reclamando alguna reacción, pero la impasividad era absoluta. Cristiano se echaba las manos a la cabeza, un gesto de incredulidad que lo decía todo: hasta él sabía que lo que estaba ocurriendo superaba cualquier límite posible. En el palco, codo a codo, Florentino y Sandro Rosell mantenían la mirada fija, serios, muy serios, como si aquel 4-0 los congelara en el tiempo.

La entrada de Bojan solo prolongó la pesadilla blanca. El joven canterano del Barcelona estuvo a punto de marcar el quinto tras un disparo seco que Casillas consiguió repeler, pero en el minuto 90 encontró la manera de brillar: un eslalon fulminante por la banda que superó a Pepe y un centro raso al punto de penalti que Sergio Ramos ya no pudo cortar. Jeffren definió con tranquilidad y envió el balón al fondo de la red.

Desde el banquillo, Xavi Hernández saltaba eufórico con el quinto gol, tirando el agua de las botellas en un gesto de celebración desbordada. Guardiola aplaudía, sonreía, y no necesitaba decir nada más. Víctor Valdés, girado hacia la afición, se aferraba a la red de su portería, pidiendo el grito del público, y gritando él mismo con la pasión que lo caracteriza.

El canterano cerraba así la manita que, además, colocaba al Barcelona como líder esa noche. Las manos del público se alzaban, cinco dedos extendidos, burla y gloria al mismo tiempo. Y esa misma imagen se repetía en el banquillo: los jugadores del Barcelona en corrillo, celebrándolo como si hubieran ganado el mayor trofeo del mundo, cinco dedos al aire, claros, inconfundibles.

Y quedaba aún la peor imagen para el madridismo, una que daría la vuelta al mundo y que todavía se utiliza como meme, como recordatorio cruel de aquella noche. Piqué se alejaba del corrillo, sonriente, muy feliz, levantando la mano y mostrando los cinco dedos al público. Esa manita, ese gesto, aún pesa hoy en el corazón de todos los madridistas que presenciaron aquel histórico desastre.

La superioridad del Barcelona aquella noche generó una tensión insoportable que comenzó incluso antes de que el partido finalizara. Una patada desmedida de Sergio

Ramos sobre Messi terminó con la expulsión del defensa, que se marchó del campo visiblemente alterado, agrediendo a Puyol y a Xavi, lo que abrió una herida que meses después se haría más grande. Casillas intentaba poner paz, pero la guerra ya estaba iniciada, y eso sería solo el principio de un problema que acabaría afectando tanto a la selección como internamente en el Real Madrid, con Mourinho y Casillas como protagonistas de un conflicto silencioso pero intenso.

Esa misma temporada, en el mes de abril, hubo cuatro clásicos, todos cargados de chispas, tensión y polémica; Mourinho y Guardiola echaron más leña al fuego con sus declaraciones, elevando la rivalidad a niveles históricos. Recuerdo una frase de Mourinho que me quedó grabada en la memoria y que reflejaba la filosofía del momento: «Pep es el único entrenador que conozco que critica el acierto de un árbitro». La respuesta de Guardiola no se hizo esperar, calmada pero con un filo que no necesitaba levantar la voz: «En esta sala, él es el puto jefe, el puto amo, es el que más sabe del mundo, y yo no quiero ni competir ni un instante. Solo le recuerdo que hemos estado juntos cuatro años», refiriéndose al tiempo en que Guardiola había jugado en el Barcelona con Mourinho como segundo entrenador. Esa conversación resumía todo lo que se avecinaba: no solo se trataba de un clásico en el campo, sino de un choque de filosofías, de orgullo, de historia compartida y de rencores acumulados. Cada partido, cada palabra y cada gesto alimentarían la rivalidad más intensa que el fútbol español había vivido en décadas.

El Madrid se llevaba la Copa del Rey, el Barça, la Liga, pero los clásicos dejaron cicatrices que iban más allá del resultado. Tanganas, entradas duras, golpes, simulaciones... y una prensa lista para avivar cualquier chispa. Todo esto no solo afectaba a los clubes, sino que empezaba a extenderse a la selección, desestabilizando a un equipo que, sobre el papel, era el mejor del mundo.

Ese año, los clásicos dejaron claro que no solo se trataba de fútbol, sino de orgullo, estrategia y una rivalidad que marcaría la década siguiente. Cada encuentro era un espectáculo, sí, pero también un aviso de que la guerra entre ambos clubes, entre Mourinho y Guardiola, apenas comenzaba.

La historia no se detuvo en la humillación. No podía hacerlo. Porque si bien el fútbol te golpea, también te desafía a levantarte, y el madridismo —mi madridismo— nunca ha entendido otro idioma que no sea ese. El Barça dominaba el relato, sí, pero al Madrid aún le quedaba un capítulo por escribir; uno de esos que no se ganan con juego bonito, sino con fe, con carácter, con esa pegada que no entiende de estadísticas ni de estados de ánimo..., solo de momentos. Y el momento estaba por llegar: Mestalla, 2011, Copa del Rey. Una final directa. Una prórroga. Un salto. Un cabezazo. Una corona. A veces, los grandes partidos no te los regala el destino..., te los exige el escudo. Y el nuestro, esa noche, volvió a hablar primero.

Curiosidades

⚽ Fue la mayor derrota de Mourinho en un clásico como entrenador.

⚽ Primera vez desde 1994 que el Real Madrid encajaba cinco goles del Barça sin haber marcado ninguno.

⚽ Messi no marcó, pero fue el máximo generador ofensivo.

⚽ Marcelo declaró, años después, que había sido un partido en el que el Madrid no había encontrado soluciones con balón, especialmente en salida y último pase.

⚽ Se considera el partido que encendió definitivamente la narrativa mediática del duelo Mourinho vs. Guardiola, que dominaría el fútbol español los años siguientes.

⚽ La afición culé popularizó el gesto de la «manita» desde la grada, convertido luego en uno de los memes más usados contra el madridismo.

⚽ La temporada anterior, Mourinho ganaba la semifinal de la Champions contra el Barcelona de Guardiola en el Camp Nou y le encendían los aspersores para que no lo celebrara en el césped, lo que se convirtió en una imagen para el recuerdo. La final de la Champions se disputaba en el Santiago Bernabéu.

⚽ Florentino volvió a coger las riendas del club en el 2009 tras el sextete del F. C. Barcelona. Y tras un año de transición y fichajes millonarios (Cristiano Ronaldo, Benzema...), realizó uno de los fichajes más mediáticos: Mourinho.

5
La noche en que la fe cabeceó la corona

Dos años en blanco pesan más que cualquier derrota aislada. No es la ausencia de títulos lo que más duele, es la sensación de vacío, de ver al rival levantarlo absolutamente todo mientras tú solo coleccionas noches que acaban en duda y resaca emocional. El Barça venía de escribir la temporada más redonda que se recuerda: el sextete, una sinfonía de fútbol total, rondos eternos, posesiones que parecían una hipnosis colectiva, y un Messi que no necesitaba permiso para ser leyenda, porque la leyenda ya

Alineaciones titulares

Real Madrid (4-3-3)
Casillas; Arbeloa, Sergio Ramos, Carvalho (relevado por Garay en el minuto 119), Marcelo; Pepe, Xabi Alonso, Khedira (relevado por Granero en el 104); Di María (expulsado por doble amarilla en el 120), Cristiano Ronaldo, Özil (relevado por Adebayor en el 70).

F. C. Barcelona (4-3-3)
Pinto; Dani Alves, Piqué, Mascherano, Adriano (relevado por Maxwell en el minuto 120); Busquets (relevado por Keita en el 108), Xavi Hernández, Iniesta; Pedro, Messi, Villa (relevado por Afellay en el 106).

Gol

Cristiano Ronaldo — min 103

pedía ser él. Movían el balón a una velocidad que rozaba lo ilegal, como si las reglas físicas no fueran aplicables a sus botas, como si el pase fuera más rápido que el pensamiento del rival que intentaba interceptarlo.

Y allí estábamos mi padre y yo, en el sofá, viendo una tormenta perfecta que no traía lluvia… traía fútbol. Golpes, olés, goles que parecían inevitables, una hegemonía que ya no era deportiva, era cultural. Era mediática, casi espiritual. Y nosotros, madridistas de fe y piel erizada, creíamos que la llegada de Pellegrini y después la de Mourinho serían el inicio de la rebelión, la respuesta a tanto atropello con traje azulgrana. Pero el 5-0 del Camp Nou fue como abrir un libro por la última página: el final era oscuro, inesperado y cruelmente contundente. Aquella noche, la moral blanca no solo cayó derrotada, también cuestionada. Porque perder es humano, pero que te pasen por encima de esa forma es un golpe al alma del aficionado, uno de esos que no te deja sin voz…, sino sin argumentos.

Mourinho llegaba para reconstruir al gigante herido, para devolver al Madrid a la élite competitiva, para levantar un muro que no se derrumbara ante el tiquitaca. Pero el Barça, que no entiende de prólogos, quiso escribir el suyo: cinco goles, cero respuestas y un silencio que gritaba más que cualquier celebración. Y en casa, mientras la lluvia golpeaba los cristales de la ventana como si acompañara la escena, nosotros solo repetíamos la misma frase: «Otra temporada más no, por favor». No por miedo a perder, sino por miedo a revivir el mismo relato..., el relato en que ellos dictaban el ritmo y nosotros solo lo sufríamos.

Pero si algo tiene el fútbol —y especialmente un clásico— es que nunca se escribe del todo hasta que el balón deja de rodar. Y el Madrid, aunque herido, no había muerto. Solo estaba esperando el escenario adecuado para devolver el golpe. Porque a veces, cuanto más negro está el cielo, mejor se distingue el brillo de una camiseta blanca corriendo hacia la gloria.

Y ese escenario no sería el Camp Nou, sino Mestalla. Una final. Una prórroga. Un salto al segundo palo. Y una fe que por fin iba a tener recompensa.

Antes de que Mestalla encendiera los focos y el balón rodara en una final que prometía sangre futbolística, el lector debía entender una cosa: el Real Madrid no llegaba herido, llegaba marcado. Porque cuando un gigante encaja cinco golpes en el mismo campo donde años atrás imponía respeto solo con su presencia, no es una derrota sino un aviso histórico. Y los avisos, en el Madrid, siempre se recuerdan como desafíos pendientes.

Era abril de 2011, y el calendario del fútbol —caprichoso como pocas veces— quiso que el clásico de Liga se repitiera solo cuatro días antes de la gran final. El 16 de abril, el Bernabéu se vistió de gala, ya que el público creía que quizá —solo quizá— ese duelo serviría para recortar distancias, para sembrar dudas en el líder y reavivar la Liga. Sin embargo, el Barça llegaba con una ventaja que ya parecía sentencia: 84 puntos contra los 76 de un Madrid que lo perseguía sin descanso pero sin recompensa.

Y aunque Cristiano y Messi compartieran focos, premios y comparaciones imposibles, esa noche el marcador no quiso sonreír a los nuestros. Empate a uno. Un empate que no supo a resistencia, supo a resignación colectiva. El Barcelona salía del templo blanco ocho puntos por encima, con dieciocho aún por jugarse, sí, pero con la sensación de que la Liga ya no era una carrera, sino un recuerdo que se alejaba a cámara lenta.

En casa, el fútbol no era tertulia, era diagnóstico. Mi padre, mi madre y yo lo vivimos con la misma mezcla de incredulidad y cansancio emocional que acompaña en las temporadas que se repiten como una pesadilla recurrente. Era difícil confiar en que cuatro días después, en campo neutral, sin el rugido de la grada y sin el escudo empujado por más de setenta mil gargantas blancas, algo fuera a cambiar. La fe estaba baja, la moral cansada, y hasta el refresco sabía a derrota anticipada.

Pero el fútbol —y esto el lector lo sabe— no entiende de familias, aunque esa noche mi familia también formara parte del espectáculo. Mi hermana, culé sin necesidad de carnet, celebraba cada golpe previo como si el marcador también se sentara a la mesa con nosotros. Su risa, ligera, sincera, casi inocente, dolía como solo puede doler lo cotidiano, porque no era una rival del estadio, sino la rival del sofá. Y aunque no viviera el fútbol con la misma intensidad, sí que sentía el orgullo de ver al Barça volar mientras nosotros intentábamos recomponer la mirada. Cosas de familia, ya lo entendéis.

Sin embargo, hay algo que no cambia, ni con derrotas, ni con empates, ni con silencios incómodos: el Real Madrid siempre pelea. Y para ganarlo, no basta con dominarlo, no basta con superarlo. Hay que aplastarlo. Hay que rematarlo. Hay que dejarlo sin historia posible…, porque si algo ha demostrado el club a lo largo de su vida eterna, es que incluso cuando parece al borde del conteo final y se tambalea contra las cuerdas como un boxeador exhausto, incluso cuando el rival se cree dueño del relato…, el Madrid puede devolver el golpe. Un golpe inesperado. Un pase improbable. Un disparo que parecía muerto pero que revivió. Un salto al segundo palo que nadie vio venir. Una fe que no murió, solo esperó su momento.

Y ese momento no era la Liga. Ese momento era en un estadio. Un trofeo. Un grito contenido durante años. Un título esperando dueño. Ese momento… era la Copa del Rey.

El 20 de abril de 2011 no era un miércoles cualquiera. Cuatro días antes, el Bernabéu había sido escenario de un clásico tenso que terminó en empate, un 1-1 que dejó la Liga teñida de blaugrana y al madridismo con la sensación de estar a un suspiro del abismo. Pero si el partido de Liga fue el último temblor antes del derrumbe, esta final era el primer paso hacia la reconstrucción.

Mestalla amaneció ese día como si supiera que iba a ser testigo de algo más grande que un trofeo. La ciudad de Valencia olía a final desde primera hora: humedad en el aire, carreteras colapsadas de bufandas blancas y azulgranas, bocinas desafinadas marcando melodías de guerra deportiva y un murmullo colectivo que decía lo mismo en dos idiomas: hoy no hay amigos, hoy hay historia.

El Barça llegaba como líder absoluto del fútbol mundial, campeón de todo lo imaginable, con un Guardiola que parecía moverse por los terrenos de juego con la calma de quien ya ha leído el guion del destino. Dominaban el balón como si les perteneciera por derecho natural, como si nadie pudiera discutirles el relato, como si el fútbol no fuera deporte sino declaración artística.

Y, sin embargo, al otro lado, el Real Madrid no llegaba muerto. Llegaba en silencio, sí, con la moral herida y las portadas de la prensa recordándonos más fracasos que virtudes, pero también con algo que el Barcelona aún no había logrado arrebatarnos: la fe. Fe en Mourinho. Fe en la lucha. Fe en esa libreta suya donde no se escribían tácticas sino venganzas deportivas. Fe en la idea de que los partidos grandes no los gana quien mejor juega, sino quien se niega a perder.

Los madridistas, orgullosos y doloridos, sabíamos que no éramos el equipo perfecto, pero sí el equipo imposible de derribar. Un club al que no se puede enterrar sin rematarlo diez veces, porque incluso en el conteo final, incluso sin aire y sin ventaja..., el Madrid siempre encuentra un resquicio para levantarse. Y esa noche, aunque el marcador no nos hubiera sonreído días antes, la grada blanca sí que lo hacía ahora: veinte mil almas empujando en un campo neutral que no era su casa, pero que sonaba como un templo.

Mi padre y yo lo vivimos igual que el resto del país blanco: cabizbajos en la previa, sí, pero con la ilusión encendida en los ojos como quien espera el último capítulo del héroe que aún no se ha escrito. No hablábamos mucho, no hacía falta; la tensión era un idioma compartido. Pero cuando el himno de España empezó a sonar en la televisión, mi padre apoyó la cerveza en la mesa con un gesto leve, casi imperceptible pero definitivo, y dijo una frase que no necesitaba adjetivos: «Hoy salimos a ganar». Como si aquella frase fuera una arenga pronunciada por el mismísimo capitán del Real Madrid, yo la sentí vibrar dentro de mí; con la ilusión apretándome el pecho, confié en esas palabras como quien se aferra a un último destello de luz antes de la tormenta. Fue entonces cuando sembré la fe que mi equipo nos exigía aquella noche: la confianza que nos rogaban desde la distancia, casi a gritos, casi a corazón abierto. Era la última oportunidad para recordarnos quiénes éramos, para demostrarnos que no solo iban a competir, sino que pelearían hasta el final, que desafiarían la lógica y el destino si era necesario. Porque estaban dispuestos a lo imposible, a lo inverosímil, a lo eterno, con tal de traer el trofeo a casa… y devolverlo a su templo: a nuestra casa, al Real Madrid.

La Liga podía estar lejos, el rival podía ser superior, el ruido mediático podía ser insoportable…, pero la ilusión no nos la quitaba nadie. Y es que no esperábamos ganar al Barcelona: esperábamos ver al Madrid competir como si la historia entera dependiera de ese partido, como si el orgullo del club tuviera que sostenerse en noventa o ciento veinte minutos, como si el balón fuera el juez final.

Las cámaras enfocaban a los jugadores, pero no veían lo que se escondía debajo de las camisetas: un Madrid cansado de perder, harto de recibir, decidido a no morir. El equipo aún no sabía si podía ganar la Liga, pero sí sabía que podía ganar esta final. Porque esta no era una oportunidad de apretar el campeonato... era la oportunidad de cambiar la narrativa. De callar dudas. De encender la rivalidad definitiva. De demostrar que, a veces, los dioses también sangran cuando el rival decide no rendirse.

Antes de que el balón rodara, la historia ya estaba escrita en la pizarra, en los nombres, en las ausencias... y en la ambición de dos entrenadores que entendían el fútbol como un duelo de ajedrez en el que no gana el que mueve más piezas, sino el que sacrifica mejor.

El Barcelona, fiel a su esencia, salió con su 4-3-3 innegociable, pero no era el Barça de gala que muchos imaginaban. Víctor Valdés —habitual guardián del Camp Nou— no estaba; en la Copa del Rey, el que se encargaba de defender la portería era Pinto. Tampoco Carles Puyol, su alma defensiva. El capitán blaugrana había forzado cuatro días antes en el clásico de liga, y el fútbol —ese juez sin piedad— le pasó factura. En defensa, Dani Alves aparecía por la derecha como el cuchillo más afilado de Europa, Adriano por la izquierda, y en el centro de la zaga, Mascherano y Piqué formaban una pareja tan sólida como inesperada. Mascherano no estaba ahí por elección estética, sino por necesidad pura: la muralla Puyol tenía grietas, y Guardiola prefirió cemento a romanticismo. Por delante, Busquets sostenía el mediocampo como pivote, e Iniesta y Xavi lo escoltaban como sacerdotes del pase, dueños del tempo, de la pausa que también hiere. Y arriba, Pedro por la derecha, Villa por la izquierda, y en punta... Messi. No un Messi fijo, no un Messi predecible: un Messi libre, indescifrable, ese jugador que no necesita ser anunciado para resultar inevitable.

En el otro lado del tablero, el Real Madrid salió con el mismo 4-3-3 en dibujo, pero no en alma. Porque si el Barça proponía un estilo, Mourinho proponía una declaración de guerra táctica. Casillas —santo y mártir de tantas noches— defendía la portería blanca como si aquel brazalete invisible de capitán también le perteneciera. Arbeloa, reconvertido en soldado lateral por la derecha, tenía una misión clara: disciplina, cerrar espacios, sobrevivir. Marcelo, por la izquierda, sí que estaba en su sitio natural, pero no en su versión más cómoda: no tenía kilómetros por delante para correr como Roberto Carlos lo hacía en los años dos mil; aquí debía defender antes que volar. La pareja de centrales, Ramos y Carvalho, era pura jerarquía, pero también tensión contenida: sabían que no bastaba con frenar…, había que golpear después. Y entonces llegó la sorpresa que todavía hoy me provoca el mismo escalofrío que a un historiador del fútbol cuando relee una táctica impensable: Pepe, el central más duro del Madrid, no jugaba de central. Jugaba de pivote, y no para crear juego, sino para destruir el ajeno. Mourinho lo colocó ahí para generar un dos contra uno casi permanente sobre Leo Messi, un cerrojo móvil que convertía el centro del campo en un callejón sin salida para el argentino. Carvalho sería su pareja de choque en ese duelo, pero en vez de situarse a su lado, serviría de apoyo, como segundo martillo. Khedira, desplazado hacia la derecha, no perdía peso: lo ganaba en solidaridad defensiva, formando un doble pivote camaleónico con Pepe y Xabi Alonso. Y por si no fuera suficiente poesía táctica, Özil —anunciado como extremo— no vivía en banda, vivía entre líneas, bajando a la medular como quien desciende a un ring clandestino, completando un cuadrado de posesión con Xabi, Khedira y Pepe. Un cuadrado que no buscaba brillar sino resistir… y morder si había sangre. Y arriba, Cristiano quedaba como el filo más alto del tridente. Di María ocupaba la banda izquierda real, la del vértigo, la del sacrificio ofensivo que también defendía. Porque Mourinho entendía algo que muchos no comprendían entonces: para ganar al Barcelona, no solo hacía falta presionar… había que ordenar el caos, controlarlo, domesticarlo y devolver el golpe con una precisión emocional que rompiera la narrativa del rival.

Aquella noche, eso no era un partido. Era un manifiesto. Y cuando las alineaciones quedaron cerradas, el mundo del fútbol todavía no lo sabía…, pero ya no estábamos ante un clásico.

Estábamos ante el prólogo de una rivalidad eterna.

Los jugadores ya asomaban por el túnel. En fila, concentrados, casi ceremoniales, como gladiadores ante la arena. El himno de España sonaba solemne, dándole al momento ese aire de final anticipada.

El Real Madrid vestía de un blanco impoluto, pero no un blanco cualquiera. Las franjas azul eléctrico que cruzaban sus hombros parecían chispas, energía pura, un diseño que a mí, desde el recuerdo, siempre me parecerá una de las camisetas más hermosas que ha lucido el club. Bwin, todavía en el pecho, acompañaba el escudo blanco junto a Adidas, como dos sellos de grandeza compartida. Aquel patrocinio —tan presente en los años de gloria— se me antojaba como sinónimo de competitividad, de noches europeas, de respeto ganado dentro del campo. En el hombro derecho, el logo de la Liga de Fútbol Profesional —LFP—, ese emblema antiguo que hoy ya es reliquia; en el izquierdo, el sello de la Copa del Rey, el trofeo que esa noche todavía no tenía dueño…, aunque algunos empezaran a sospecharlo.

Y entonces, el Barcelona.

La camiseta blaugrana, con sus franjas anchas y orgullosas, ondeaba como la bandera de un reino que venía dominándolo todo. Nike firmaba la piel de sus jugadores, y en el pecho, UNICEF. Y os juro que, cada vez que leo esas letras, escucho la voz de Mourinho en mi cabeza, repitiendo aquella frase con ironía, como quien deja un dardo flotando en el aire: «No sé si será UNICEF...»; un recuerdo automático, inevitable, casi tan clásico como el partido en sí. Desde el sofá, mi padre y yo intercambiamos una risa breve, cómplice, como quien sabe que el fútbol también vive de estas pequeñas historias que te acompañan para siempre. En el hombro izquierdo lucían el logo de TV3 y en el derecho, otra vez la Copa del Rey, recordándonos que incluso los gigantes necesitan la suerte de los detalles.

Las fotos oficiales se tomaban, los flashes explotaban, el césped esperaba. El balón aún no rodaba..., pero la electricidad ya estaba en el aire. Y nadie en el estadio, ni en las casas que vibrábamos con él, imaginaba que aquella presentación era solo la primera página de una noche que no se olvidaría jamás.

El partido lo inauguró el silbato de Alberto Undiano Mallenco. Y el primer giro de guion llegó antes que cualquier táctica, antes que cualquier plan mental del aficionado: el F. C. Barcelona puso el balón en movimiento. El clásico arrancaba, como siempre, sin tregua, sin anestesia.

En casa, mi padre y yo teníamos una idea clara de lo que creíamos que sería el plan de Mourinho: Pepe como pivote para vigilar a Messi, para blindar el centro y añadir músculo a la barricada blanca. Pero el fútbol, a veces, te enseña la realidad sin darte tiempo a respirar. Y es que, apenas a los veinte segundos del inicio, lo que parecía un movimiento defensivo se reveló como algo completamente distinto: Pepe no estaba allí para esperar sino para cazar; para dinamitar y borrar la primera línea de pase rival. Subía a presionar como si fuera mediapunta, como si fuera delantero. No perseguía sombras: perseguía inicios, el origen del juego azulgrana; la raíz, el punto cero, donde el Barcelona se sentía más cómodo… y donde esa noche lo iban a incomodar como nunca.

Mi madre, apoyada en el marco de la cocina y con el humo del cigarro dibujando espirales en el aire —sí, aquel era el único rincón en el que se podía fumar en casa—, soltó una risa suave, casi premonitoria; una risa que no era burla, era costumbre de casa, complicidad familiar, el guionista silencioso que vive con nosotros cada clásico. «¿Y esa risa?», le pregunté girándome desde el sofá, todavía con el corazón acelerado antes del primer pase serio. Ella, con esa calma irónica que solo se tiene tras haber visto muchas temporadas y guerras futbolísticas, respondió con una frase que quedó suspendida en el aire como otro centro cerrado peligroso: «Mourinho siempre os sorprende».

Y vaya si tenía razón, porque esa presión temprana de Pepe no solo sorprendía al Madrid, sorprendía a España entera. Y sin saberlo todavía, también estaba marcando el primer compás de una rivalidad que ya no sería solo fútbol… se convertiría en un relato eterno.

El partido comenzaba como se esperaba: sin esconder cartas, sin medir fuerzas, con esa intensidad brutal que no entiende de puntos ni de clasificaciones, sino de orgullo. Los choques eran potentes, los saltos parecían desafíos al cielo y cada disputa —ya fuera en el aire o en el césped— llevaba la firma de un clásico de verdad: fricción, fuerza y una rivalidad que no necesitaba presentación.

En el minuto 8, cuando todavía estábamos acomodándonos al ritmo, llegó la primera grieta sonora, la primera chispa: la disputa verbal entre Piqué y Sergio Ramos. Dos hombres que, apenas un año antes, habían levantado juntos el Mundial con España; dos nombres destinados a ser símbolo de la Roja, camaradas de gloria, futuros campeones de Europa el siguiente verano. Y, sin embargo, allí estaban, frente a frente, escudo contra escudo, orgullo contra orgullo, gritándose como si jamás hubieran compartido vestuario o se hubieran abrazado en la mayor gesta futbolística de nuestro país.

Lo pienso ahora, casi con la misma incredulidad que sentí aquella noche, y aún me vuela la cabeza. Porque, ¿cómo puede el fútbol convertir a dos héroes compartidos en enemigos momentáneos tras solo ocho minutos de partido? ¿Cómo puede señalarte como amenaza en el campo rival la misma mano que te ha levantado un trofeo? Mi padre me miró de reojo, como si también necesitara confirmar que esa imagen era real, y yo, sin poder evitarlo, solté una frase que me nace automática cuando recuerdo aquella época: «Yo lo pienso… y aún flipo en colores». Porque sí, será nostalgia, exageración o pasión…, pero también la pura verdad: esa rivalidad se hacía tan intensa que hasta la amistad más reciente parecía una anécdota lejana. Y lo peor —o lo mejor, según quién lo cuente—…, que solo era el preludio, el primer temblor, el aviso de que esa noche, y esa era, no solo se trataría de fútbol…

Los primeros minutos fueron una prueba de paciencia para el Real Madrid. El equipo blanco intentaba asentarse, encontrar su lugar en el campo, pero el Barcelona, fiel a su esencia, ya dictaba el ritmo: posesión, control y ese fútbol de pases que parecía hipnotizar al rival, como si el balón tuviera un único dueño y nadie más pudiera reclamarlo.

En el minuto 9, Pedro —«Pedrito» para muchos, aunque gigante para el juego— encontró un resquicio de luz en medio del vendaval. Recibió en tres cuartos, levantó la mirada y soltó un disparo con la fe del que sabe que puede cambiar un destino. La pelota voló con veneno, besando el aire hacia la escuadra, pasando tan cerca que el tiempo pareció detenerse un segundo.

No fue gol, pero sí un aviso. Un destello. Un susurro de lo que el Barça podía desatar.

Casillas, atento como un guardián eterno, lo leyó desde el impacto. Ni un músculo de más, ni un gesto de duda. Se movió con margen, con esa tranquilidad que solo tienen los elegidos cuando ya han visto miles de guerras como esa. Tenía el control absoluto…

Sin embargo, nosotros, desde casa, no lo sabíamos todavía. En el salón, la respiración se cortó como si alguien hubiera apretado pausa al mundo. No fue más que un «casi», un «uy» suspendido en el aire, pero para mi padre y para mí, suficiente para quedarnos sin aliento por un segundo. Mi madre, que observaba desde lejos, quizá no entendía la trascendencia de esa ansiedad futbolera…, pero nosotros sí. Cada jugada parecía una sentencia en potencia, y el partido apenas empezaba a escribir sus primeras líneas.

El marcador seguía intacto, sí. Pero la tensión… esa ya no desaparecería en toda la noche.

El Real Madrid, que había arrancado el partido a contrapié, empezaba por fin a asentarse, a encontrar su voz en el campo. Y cuando Cristiano Ronaldo hablaba, el fútbol escuchaba. Minuto 11. El portugués recogió en la izquierda, trazó su carrera hacia dentro como si el balón fuera una extensión de su propio corazón y apareció en el pico derecho del área pequeña, ese rincón donde nacen los goles imposibles de defender. Golpeó la pelota con rabia, seco, feroz, con esa pegada que parecía destinada a romper redes y cambiar el mundo. Y por un instante, solo por uno, lo creímos: el gol estaba cantado.

Pero el destino tenía a otro protagonista en mente. Porque allí, sobre la línea, emergió Dani Alves como quien apaga un incendio con las manos desnudas. Metió la pierna con una valentía suicida y desvió el balón a centímetros de la gloria blanca, evitando lo inevitable. La jugada siguió viva, caótica, eléctrica, con Arbeloa cerrando desde la derecha y colgando un centro que buscaba revancha, orgullo, justicia…, sin embargo, Khedira no llegó. El balón se escurrió entre piernas, carreras y esperanzas, dejando al público madridista con el mismo nudo en la garganta que sentíamos en casa.

El partido ya no era fútbol. Era guerra. Era ajuste de cuentas a campo abierto.

Minuto 20. Sergio Busquets llegó tarde, sin medir nada más que la intención. Una plancha desmedida sobre Xabi Alonso, con los tacos por delante, impactando en la espinilla del madridista como si buscara marcar territorio en vez de disputar el balón. No fue un choque, fue un mensaje. Un golpe que hizo estremecer al estadio y que, quince años después, todavía provoca escalofríos al recordarlo.

Undiano Mallenco, árbitro de la batalla, no lo penalizó ni con la tarjeta amarilla. Nada. Cero. Un silencio que gritaba más que cualquier pitido. En casa explotamos como si nos hubieran robado el aire de los pulmones. Las manos al cielo, la indignación al techo; mi padre y yo, levantándonos del sofá sin entender cómo un clásico podía tener ese nivel de permisividad, cómo un jugador podía salir indemne de una entrada así, cómo el reglamento parecía escrito con tinta invisible esa noche.

Y claro, la reacción no tardó en llegar. Porque cuando empujas al Real Madrid a la cuerda floja, lo único que consigues es despertar a la bestia. La moral no se compra, se incendia.

En el minuto 26, Pepe —que esa noche jugaba como escudo humano de Mourinho, disciplinado pero volcánico— llegó a un duelo dividido con Messi y dejó su huella con un pisotón a la altura de la espinilla, feo, directo, cargado de malicia. Amarilla, sí. Pero la sensación era la misma: ambos equipos estaban jugando al borde del reglamento, como si el partido no tuviera árbitro sino cronista de guerra.

Y aquí me detengo, no para enfriar la historia, sino para encender la verdad: yo, madridista hasta la médula, lo digo sin rodeos —y mi padre, que vivía el fútbol a mi lado con el mismo pulso acelerado, también lo pensaba—: se tendría que haber expulsado a ambos jugadores. A los dos. Sin excusas y sin colores, sin relato interesado. Fue un clásico trasladado a una final, donde la deportividad había existido en el gesto del pasillo años atrás, sí..., pero no siempre en la disputa sobre el campo. Esa noche no hubo compasión en Mestalla, ni dentro ni fuera del césped. No exagero cuando digo que esa época fue una guerra futbolística. Los que la vivimos desde la grada o desde un sofá, lo sabemos. A los que no, os invito a buscar los resúmenes, los *highlights* de aquellos años en que la rivalidad no era deporte: era identidad, choque de estilos, orgullo, revancha y heridas que se abrían en cada cruce.

Pero retomemos el hilo de aquella noche en Mestalla, porque el partido ya no se jugaba solo en el césped, también en el aire, en los choques, en las miradas cruzadas y en cada recuerdo que los aficionados llevábamos clavado desde hacía años. La tónica no cambió: el clásico se convirtió en una sucesión de capítulos de fricción en que el balón era a veces lo de menos. Agarrones que parecían luchas por la supervivencia, entradas que llevaban mensaje, discusiones que nacían del orgullo herido. Era un partido que avanzaba a trompicones, como si la historia misma se negara a dejarlo fluir sin dramatismo.

Los duelos se convertían en batallas dentro de la guerra: Pepe contra Messi, choque de músculo y carácter; Cristiano frente a Piqué, dos egos colisionando como placas tectónicas; Arbeloa con Villa, laterales convertidos en guardaespaldas de una rivalidad que ya no necesitaba pretexto. Cada cruce, cada balón dividido, cada salto al choque parecía respirar una misma consigna no escrita: aquí no se concede un metro, aquí no se regala una oportunidad, aquí el que pestañea pierde.

Y si el partido ya estaba encendido, llegó el minuto 28 para prenderlo del todo. No hubo balón de por medio, no hubo disputa táctica ni interpretación compleja. Hubo un pisotón de Arbeloa sobre David Villa tras levantarse del suelo, una acción que, vista con los ojos de hoy, con cámaras de alta definición y un VAR sin piedad, habría sido una roja incuestionable. Y lo digo sin disfrazarlo: deberían haberlo expulsado, igual que a Busquets y a Pepe minutos antes. A los tres.

Esa jugada encendió del todo la mecha. El Bernabéu no estaba allí, pero el ruido viajaba con nosotros hasta

Valencia, y en casa la sensación era una sola: eso iba a estallar en cualquier momento, porque el clásico ya no era un duelo, se había convertido en un choque de narrativas, de orgullo y ambición mal canalizada. Y lo peor no era solo el marcador parcial o la crisis del rival, sino la continuidad de la tensión: en menos de una semana llegaban más clásicos de la Champions, encuentros de máximo voltaje, sin tiempo para sanar y sin tregua emocional ni una pausa para recomponer el relato.

Era duro de sostener, sí, pero también imposible dejar de mirarlo. Porque si algo entendimos todos aquella noche es que el fútbol no siempre te regala lo que mereces..., pero siempre, siempre, te da otra historia que contar. Y vaya si lo hizo.

Aun así, entre tanto choque y tensión desbordada, quedaba espacio para el fútbol, para ese arte que a veces se esconde pero que nunca desaparece del todo en un clásico. Y el aviso más claro de que el Madrid seguía con vida llegó en el minuto 35. Cristiano arrancaba desde la derecha tras un pase al espacio, controlando el balón como quien controla el destino, avanzando en una conducción letal que lo acercaba cada vez más al área. Busquets intentaba salirle al paso, con esa inteligencia táctica que lo hacía anticipar casi cualquier jugada... Sin embargo, aquella noche tenía un enemigo al que no podía descifrar con su libreta: la velocidad del portugués.

Si algo no favorecía a Busquets en ese duelo, era precisamente eso: el ritmo, el vértigo de correr hacia atrás mientras el rival avanzaba hacia delante. Jugaba una batalla desigual y, por más que intentara posicionarse, no había manera humana de alcanzarlo. Cristiano llegó con comodidad, alzó la mirada un segundo —suficiente para elegir el destino— y golpeó el balón seco, raso, firme, hacia el segundo palo. Todo parecía inevitable. Todo parecía gol.

Pero en Mestalla, esa noche, no estaba Víctor Valdés. Estaba José Manuel Pinto. Y Pinto, aun sabiendo que el guion parecía escrito por el eterno rival, no se dejaría vencer fácilmente. Se estiró rápido abajo, sacando una mano salvadora que desafió a la física por un instante y desvió el balón lo justo para evitar que besara la red. Una parada espectacular que mantenía el 0-0 en el marcador y encendía un murmullo colectivo en la grada, un murmullo que desde casa también compartíamos: no estaba todo perdido, el Madrid todavía podía devolver el golpe, en cualquier instante.

Pinto no solo detuvo el balón, detuvo por un segundo la historia que todos dábamos por inevitable. Y eso, en un clásico, es muchísimo.

El Madrid seguía rugiendo, mordía cada balón como si el tiempo apremiara y el orgullo se jugara en cada metro del césped. Y entonces llegó el minuto 43, ese instante en que el fútbol decide dejar de ser deporte para convertirse en relato épico.

Cristiano sacaba de banda con rapidez, directo hacia Özil. El alemán, con su elegancia casi insultante, no dejó que el balón tocara el suelo: lo amortiguó en el aire y se lo devolvió a la altura de la cabeza; Cristiano, sin pensarlo, lo dejó caer apenas un palmo, lo justo para devolverle el pase de espaldas, una pared imposible, una de esas que parecen desafiar la lógica del juego, una conexión de precisión quirúrgica entre dos mentes que ya se entendían sin hablar.

Özil controló el balón, giró el cuerpo y sacó un centro venenoso, abierto hacia el segundo palo. Un centro tan envenenado que parecía llevar un mensaje oculto, un desafío a la defensa rival... y a todos los que lo estábamos mirando. Porque desde la transmisión no se veía a nadie en esa zona, ni un alma, ni una camiseta, ni un destino claro. Recuerdo pensar desde el sofá: «¿A quién demonios va ese balón?».

Pero Özil no estaba loco. Nunca lo estuvo. Simplemente veía cosas que los demás no percibíamos todavía.

Y es que por esa zona irrumpía Pepe, entrando como un toro, potente, decidido, implacable. Buscaba el balón como quien quiere dejar una marca eterna en un duelo que nadie olvidará. Dani Alves intentaba defenderlo en estático, pero era imposible frenar a alguien que venía desde atrás, con espacio, fe y furia acumulada. Pepe se alzó por encima de todos, ganó altura, tiempo y eternidad por un segundo, y conectó un testarazo tan brutal que si no hubieras visto el impacto de su cabeza contra el balón, habrías jurado que fue un disparo con el pie, por la potencia que llevaba.

El estadio se encendió antes incluso de que el balón rozara el palo. Los comentaristas gritaron gol antes de verlo entrar. En casa, mi padre y yo saltamos con tanta fuerza que el sofá se desplazó hacia atrás, como si la euforia tuviera un peso físico y el corazón también empujara muebles. Gritábamos, celebrábamos, nos abrazábamos con esa fe ciega de quien cree que la historia está por reescribirse… Y solo por unos milímetros podría haber sido así.

Porque el balón besó el palo.

Y no entró.

Y en ese beso metálico del poste se estrelló también nuestra ilusión por un segundo. Pero solo un segundo, porque el Madrid seguía dominando, seguía atacando e insistiendo. Y aunque el marcador todavía no se hubiera movido, la sensación en casa era clara: esto no se nos escapa, lo tenemos, lo sentimos, lo presentimos… El Madrid no se rinde, y nosotros tampoco.

El Barcelona regresó del descanso con otra postura. Ya no era un equipo que solo quería jugar bien; entendió que si no retenía el balón, si no enfriaba el partido y pausaba el pulso…, la final se le podía escapar de las manos. Y ese instinto competitivo también se sentía desde casa, porque un madridista sabe cuándo su rival ha entrado en modo supervivencia.

Corría el minuto 68 cuando el tiempo pareció detenerse otra vez. El balón le caía a Leo Messi en la banda derecha. Control orientado, conducción pegada al pie, mirada al frente y el ya conocido inicio de su ritual: diagonal hacia dentro, rumbo a la izquierda, acelerando el juego sin perder el balón, aunque llevarlo pegado al pie lo hiciera todavía más difícil. Era la misma secuencia que tantas veces habíamos sufrido aquella temporada: Messi en conducción libre, sin cadenas tácticas, sin oposición real…, porque solo había dos maneras de frenarlo: anticiparse a la jugada o derribarlo. Y esa noche, nadie parecía estar preparado para ninguna de las dos.

Los jugadores del Madrid que ya cargaban amarillas no podían arriesgar el orgullo del choque: sabían que una falta, por leve que fuera, les podía costar la expulsión. Y Messi también lo sabía. Siguió avanzando, implacable y eléctrico, casi desafiante. Llegó a la zona izquierda del ataque, ya muy cerca de los tres cuartos, y como si el Barcelona tuviera ensayado hasta el último respiro del partido, Villa irrumpió por dentro, atacando la espalda de la defensa como tantas veces había hecho antes Eto'o en temporadas pasadas. Pero, esta vez, el protagonista del desgarro iba a ser el joven delantero asturiano.

Messi lo vio antes que nadie. Su pase filtrado fue un susurro de precisión, una lectura de futuro, un anticipo de lo que podía llegar. El balón viajó perfecto a la carrera de Villa, quien lo recibió solo, completamente solo, en el borde del área. Control, giro leve y definición cruzada al segundo palo, esa identidad del Guaje que te hace pensar que el gol es inevitable. El balón salió despedido raso, con dirección firme, imposible de neutralizar si no había una intervención divina del portero... Y en ese instante, todo parecía destinado a romperse otra vez.

Pero no. Hubo fuera de juego.

Antes incluso de que pudiéramos lamentar el 1–0, vimos a Casillas levantarse con un resorte eléctrico, salir disparado a por el balón, colocarlo en el suelo, gritar a los suyos, pedir orden, pedir vida, pedir orgullo... Y en casa nos quedamos sin aire. Porque el ruido resultaba tan ensordecedor que no sabíamos qué pasaba. ¿Gol válido? ¿Falta? ¿Protestas? ¿Una locura táctica que había desbordado a la defensa? La incertidumbre llegaba como un puñetazo invisible, uno de esos que no te duele en el cuerpo, sino en el alma.

Y entonces vimos la señal del árbitro. Mano arriba. Bandera alzada. Fuera de juego.

Mi padre y yo suspiramos al mismo tiempo, con ese alivio seco que te deja la garganta rota, como si el grito de celebración se hubiera quedado a medio camino. «Menos mal», murmuró mi padre sin disimular la voz temblorosa de quien acaba de ver a su equipo al borde del abismo. «Menos mal», repetí yo casi sin voz, sintiendo la garganta seca como nunca antes al ver un partido de fútbol. Bebimos los dos a la vez. Refresco, trago corto, mirada seria al televisor, y la misma sensación recorriendo la sala: el Madrid estaba vivo, sí..., pero esa noche viviríamos un suplicio hasta el final. Y el Barcelona no pensaba levantar el pie del acelerador, por mucho que el destino les hubiera regalado un metro adelantado en el remate.

El fútbol es eso. Injusto, cruel, eléctrico, sarcástico y a veces milagroso. Y esa noche nos estaba dando una lección a todos.

El partido siguió avanzando en esa segunda mitad con un guion que ya no admitía dudas: el Barcelona había tomado el mando. No era una cuestión de sensaciones, sino una realidad tangible. El Madrid, herido en el orgullo pero nunca en la fe, iba encontrando algún respiro en forma de contraataques, chispazos aislados, intentos de rebeldía…, pero las ocasiones de verdad, las que pesaban y podían inclinar la balanza, eran azulgranas.

Dos paradas de Iker Casillas —de esas que desafían al tiempo y al sentido común— impidieron lo que parecía inevitable. Primero, un latigazo de Pedro desde la frontal, aunque escorado a banda derecha, seco, con rosca, tóxico como un susurro envenenado que te recorre la espalda. Casillas voló, literalmente voló, como si la física hubiera decidido pedir permiso y retirarse de la escena. Mano firme, despeje tenso y balón rechazado. Segundos después, Messi lo intentaba también con un disparo raso al palo contrario, colocado, preciso, con intención clara de sentencia. Otra vez Casillas, otra vez el ángel de la guarda, el hombre que esa noche había decidido pelear contra un ejército entero si hacía falta.

El partido recuperaba, por momentos, ese pulso puro que solo un clásico puede regalarte: el de los duelos que no necesitan palabras, porque se libran con fútbol, con velocidad y talento, con ese ritmo que te obliga a parpadear menos y a respirar más rápido. Y aunque todavía se veían choques duros, entradas que llegaban tarde, piernas que no se escondían y miradas que seguían respirando rivalidad…, ya no era una guerra de gritos. Ahora era una guerra de juego. Ambos equipos habían dejado a un lado las disputas verbales —los desafíos de rueda de prensa que tanto habían marcado esa era— para concentrarse en lo único que de verdad importaba cuando el balón echaba a rodar: golpear con fútbol. Porque al final, el arte no se discute…, se compite. Y esa noche, tanto el Madrid como el Barcelona lo habían entendido: no se trataba de hablar más alto, sino de jugar mejor. Aunque, claro…, solo uno de ellos estaba escribiendo historia con cada llegada.

A diez minutos del final, el partido entraba en ese territorio donde la esperanza se reza en vez de gritarse. El Barcelona seguía empujando con la calma de quien sabe que domina el relato y la precisión de quien siente que está a un golpe definitivo de cerrar la final.

Y llegó Iniesta. Recibió en tres cuartos, perfilado hacia dentro, con esa zancada elegante que parece acariciar el césped incluso cuando acelera. Levantó la mirada, armó la pierna derecha y golpeó el balón buscando el segundo palo, lejos de cualquier cuerpo, lejos de cualquier duda. El disparo trazó una parábola perfecta, de esas que te hacen entender el fútbol como poesía balística: suave en la forma, letal en la intención.

Pero allí estaba él. Iker Casillas, guardián del templo, con los guantes empapados de sudor y la mirada encendida del que no negocia con el destino. Se lanzó con una estirada felina, alcanzando el balón con la punta de los dedos, rozándolo lo justo, desviándolo lo suficiente. Lo acarició, sí, pero con firmeza de sentencia: el esférico rozó su alma de gol... y salió despedido hacia el córner. No fue un despeje ni un rechazo. Fue una declaración de principios con vuelo incluido: lo suficiente para convertirlo en esquina, lo necesario para salvar al Madrid de una herida casi mortal.

En casa, el miedo fue absoluto. Porque si el balón hubiera entrado para convertir ese trazo imposible en gol..., ya no habría quedado margen de respuesta. El silencio habría sido definitivo; la derrota, casi oficial; la copa, una sombra ya perdida en el horizonte.

Pero Casillas seguía recordándonos algo que solo se entiende cuando lo ves jugar bajo tormenta: no hacía falta tener el control del partido para seguir creyendo en el Madrid, pero sí que se necesitaba a un hombre capaz de sostener la fe cuando todo lo demás parecía tambalearse. Él no podía salvarlo todo, nadie puede frenar todos los golpes de un clásico eterno. Pero esa noche... lo intentó.

Sí, el fútbol a veces duele incluso cuando el héroe está en portería. Hemos perdido partidos con Casillas defendiendo nuestro escudo, hemos llorado derrotas que él no pudo evitar..., pero jamás le reprocharé nada. Hay noches en las que un santo no es suficiente para salvarte del infierno. Y aun así, te sigue dando razones para creer en la próxima batalla. Aunque no pudiera detenerlo todo…, siempre fue el primero en intentarlo.

Y cuando todos miraban el reloj creyendo que el relato ya no admitiría más giros, el fútbol decidió recordarnos por qué es el deporte más imprevisible que se haya escrito nunca. Quedaban quince segundos para el minuto 90 cuando Di María —sí, el mismo que tantas veces había cambiado el destino con su zurda prodigiosa— recibió un balón ligeramente escorado, con el cuerpo ya cansado pero el espíritu intacto. No lo pensó. No dudó. Lo golpeó con su pierna menos hábil, la derecha, con ese punto de locura que solo tienen los valientes cuando no queda tiempo para calcular, solo para creer.

El disparo salió despedido como un grito comprimido, una bala blanca trazando un sueño: directo a la escuadra, allí donde los porteros solo pueden volar, no llegar. Pero Pinto… voló. Se impulsó con la elasticidad del que siente que la historia lo ha señalado esa noche, con un salto que parecía desafiar la física y alargar el partido un segundo más de lo permitido. Su vuelo fue un espejo cruel del milagro anterior: la misma estirada imposible, el mismo destino rozando un golazo que habría cambiado portadas y argumentos…, pero esta vez, desde el otro lado.

El balón besó el guante, rozó el larguero, coqueteó con la red por fuera y se marchó a córner, negándole al Madrid una victoria que habría incendiado la rivalidad entre ambos equipos. Y entonces sí: Mestalla contuvo la respiración, como antes la había contenido el Bernabéu. Y yo, desde el sofá, sin voz ya de tanto gritar, solo pude murmurar lo inevitable: «Qué locura de partido... qué locura de clásico».

No fue la noche que apretó la tabla, no fue la final que nos devolvió el trono liguero, pero sí uno de esos partidos que te enseñan que el fútbol no va de ver el tiempo pasar, sino de sentir cómo pasa por ti. Un Real Madrid vs. Barcelona en una final. Un toma y daca. Una guerra con fútbol dentro del caos, de los mejores encuentros que recuerdo, de los que te marcan la vida incluso cuando no te la cambian. Porque a veces, el clásico no te da un título..., te da un recuerdo eterno.

Así terminaban los noventa minutos, con el marcador sin dueño definitivo y el partido abriéndonos una página extra: la prórroga. Mestalla, testigo de finales vibrantes, veía a los dos gigantes regresar al césped con la misma intensidad, con la misma fe y el mismo mandato en los ojos: ninguno de los dos quería dejar su destino en manos de los penaltis. Se respiraba. Se notaba, se sentía en cada carrera hacia el túnel, en cada gesto al volver al campo.

Y en casa, la escena no era menos cinematográfica. Yo me mordía las uñas con el nervio del que teme pero no deja de creer. Mi padre, incapaz de quedarse quieto, sostenía una cerveza vacía entre las manos por el simple hecho de tener algo que apretar, como quien agarra una bola antiestrés para no derrumbarse ante la ansiedad. No hablábamos, no hacía falta. El silencio entre nosotros era otro lenguaje, un código emocional que solo descifran quienes aman el fútbol desde la piel.

No podías parpadear. No podías desconectar. Cada segundo era una embestida narrativa: una contra que parecía un final, una oportunidad que podía cambiar territorios emocionales, una entrada desmedida que gritaba rivalidad por encima del reglamento. El clásico, incluso aunque a veces no decida la tabla, siempre decide algo más profundo: el pulso, la respiración, el ritmo del corazón. El campo era una sucesión de acelerones y frenazos, de ataques sin descanso y defensas que ya no iban con las piernas, sino con el orgullo. Y desde el sofá lo teníamos claro: este partido no lo estaban jugando once contra once…, lo disputaban dos historias que no querían morir esa noche: el Madrid y el Barça. Nadie más, nada menos. Y por delante, treinta minutos que iban a sentirse como trescientos.

Y entonces llegó el momento. Ese instante en el que todo lo sufrido, todo lo creído durante los días previos, se te devuelve en forma de recompensa. Minuto 102 de la prórroga. El balón era del Madrid, pero la jugada sería de la historia.

Marcelo lo recogió en tres cuartos de campo, justo en el carril del ocho, con ese temple que mezclaba rebeldía táctica y fe futbolera. Busquets, fiel a su radar, le salió al paso. Pero Marcelo lo encaró sin miedo, amagó un control, cambió de dirección con el cuerpo y lo dejó atrás con un regate seco que olía a decisión definitiva. El brasileño aceleró hacia la izquierda, con el balón pegado al pie.

Di María, consciente de que esa noche no había segundos para dudar, se pegó a la cal en la izquierda, reclamando el pase como quien pide auxilio, no para esconderse… sino para aparecer. Dani Alves, obligado por la basculación del rival, salió a cerrar a Marcelo, y el pasillo se abrió. Ese pasillo que el Madrid necesitaba como el aire se formó entre Alves y Busquets. Ese que no estaba escrito pero sí prometido.

Marcelo lo vio antes que nadie y cedió el balón tenso a Di María, que lo devolvió al primer toque, casi sin mirar, casi sin pensar, porque había pensado la jugada antes de recibir. Marcelo, de primeras, volvió el esférico a Di María. Pared perfecta. Un latigazo técnico de dos toques que desmontó a la defensa culé como si se tratara de un truco ensayado miles de veces en secreto.

Y ahí arrancó Di María, ganando la espalda de Alves. Exhausto, sí. Cansado, también. Pero con una fe que parecía mover el balón sin tocarlo. Se plantó casi en línea de fondo y sacó un centro envenenado al segundo palo con su zurda, sin dejar que el balón besara el suelo, porque aquella noche el balón no podía frenar.

Y allí estaba él. Cristiano Ronaldo.

El único capaz de aceptar el título de villano sin dejar de ser héroe. El hombre que no se escondía cuando ardía el partido, cuando ardía la grada, cuando ardía la historia.

Se elevó por encima de Adriano como si el aire fuera suyo y el ruido del estadio lo empujara desde abajo. De un salto que parecía una firma de autor, cabeceó el balón al segundo palo con una potencia atronadora, un testarazo imposible e imparable, definitivo.

Gol. Golazo.

El balón besó el palo por dentro antes de morir en la red. Ese sonido hueco, seco, hermoso: el sonido de la corona rodando por el templo de los valientes. 0–1 para el Madrid en el marcador. Golazo de Cristiano. Gol de la fe. Gol de la redención.

Y lo que vino después fue poesía madridista.

Cristiano cayó de rodillas, deslizándose por el césped como quien se arrodilla ante la grandeza del destino. Los brazos abiertos, la cabeza al cielo, la camiseta empapada pero el escudo intacto. Llegó hasta el córner y se dejó caer hacia atrás, apoyando las rodillas en el suelo, los puños apretados, el grito mudo convertido en rugido: «¡Sííí!». Y luego se arrodilló del todo, dejando que la emoción lo doblara como una ola. Un guerrero que no pide perdón cuando cree. Un guerrero que no negocia cuando sueña. Un madridista hecho hombre en el gesto, en la celebración, en la vida.

En casa, mi padre y yo saltamos del sofá como si un resorte invisible nos expulsara hacia la gloria. Nos abrazamos con una euforia que no cabía en el salón, con gritos superpuestos, torpes, desordenados, felices. Mi madre, alarmada, casi dejó caer la pizza que quedaba en la mesa.

Mi hermana, culé, solo pudo mirar con media sonrisa resignada, consciente de que la historia no siempre admite lógica en estos partidos. Y mi padre, con los ojos vidriosos, me dijo la frase que resume a un madridista en una final:

«Hijo… Esto no va de dominar…, va de creer. Y hoy, el que creyó… ganó».

Y yo, aún sin aire, aún con la voz rota y el corazón en la mano, solo pude pensar lo mismo que pensarían cuarenta y nueve mil almas en Mestalla esa noche:

«Así se vive un clásico. Así duele. Así se gana. Así se corona».

Mourinho lo celebró, sí, pero no como quien se deja llevar por el éxtasis. Lo hizo como quien entiende que una final no se gana dos veces. Aún con la adrenalina en los ojos, levantó los brazos hacia sus soldados, no para encenderlos, sino para templarlos. Porque si algo definía a aquel Madrid era eso: la calma en el caos, la guerra bajo control, el puño apretado sin perder la cabeza. Juande había traído fe, pero José había traído carácter. Y esa noche, mientras el equipo blanco por fin respiraba victoria, el general portugués ya pedía algo más importante que celebrar: pedía calma a sus guerreros, orden a sus héroes y que el partido siguiera siendo suyo incluso desde el silencio táctico.

Y entonces llegó una imagen que pocos podrían imaginar en un capítulo de guerra futbolística.

Las cámaras, además de retransmitir el partido, cazaban la historia alrededor; aquella noche enfocaron un rostro inesperado en la grada, un rostro que no era el de un futbolista, ni entrenador, ni presidente. Era el de Shakira. Allí, en el palco de Mestalla, su mirada no reflejaba celebración, ni burla ni júbilo. Reflejaba incredulidad, un shock silencioso que gritaba más que cualquier megafonía del estadio. Porque sí, puede que hoy cueste recordarlo y que el tiempo lo haya convertido en anécdota…, pero hubo una era en la que Gerard Piqué y Shakira eran la pareja más mediática del planeta fútbol. Como lo fueron Beckham y Victoria, como lo fueron el glamour y la portada, como lo fueron la música y el balón, unidos por una narrativa que trascendía el césped. Sin embargo, esa noche no iba de romance. Iba de reinados.

Y aunque el estadio entero parecía ya coronar a Cristiano como rey del capítulo, en la mirada de Shakira solo había una frase implícita o sentencia muda, un presentimiento que se clavaba en la memoria del espectador como un presagio:

«El Madrid no solo quiere ganar…, quiere reescribir la historia que parecía imposible». Y lo estaba haciendo.

La final seguía viva. La guerra también. Y la rivalidad, aunque todavía sin nombre definitivo, ya tomaba forma en cada plano, en cada gesto, en cada segundo que se hacía eterno. Porque si ese clásico ya era historia…, lo que estaba por nacer entre Mourinho y Guardiola no sería un partido más.

Sería el relato de una era que dividiría al fútbol en dos bandos.

El misterioso capítulo que seguía no solo tendría goles, tendría nombres y chispas, tendría guerra dialéctica y futbolística, legado... Pero eso, queridos lectores, aún estaba por escribirse.

El reloj marcaba 102, 110, 115... Cada minuto era un capítulo y cada segundo un rugido interno, una oración colectiva desde las gradas hasta el sofá de mi casa. Y todavía quedarían minutos para seguir escribiendo historia, para bien o para el dolor. El partido no daba tregua, era una final sin parpadeos, sin respiros largos, sin armisticios. Di María, que para mí había sido uno de los nombres propios de la noche, caía en la trampa de la desesperación táctica: una internada de Messi que parecía un incendio imposible de apagar, un intento a la heroica por frenarlo cuando las piernas ya no respondían igual, una falta necesaria para el Real Madrid, pero fatal para el destino del jugador en el partido. Segunda amarilla. Expulsión. El argentino del Madrid se marchaba del campo con la cabeza alta pero el dorsal apagado, como quien ha dejado el alma en cada metro del césped y paga el precio sin rechistar. La final continuaba sin uno de sus soldados, pero el corazón blanco seguía latiendo en los diez que quedaban.

Y cuando ya se intuía que el marcador no volvería a moverse, cuando el partido parecía tensado hasta el límite, como una cuerda de violín a punto de romperse..., llegó el minuto 121, en la prórroga. Alberto Undiano Mallenco, juez final de aquella batalla, se llevó el silbato a la boca. El mundo se comprimió en un instante mínimo, y entonces... el pitido. Un pitido largo, definitivo, tajante, inapelable. El pitido que no solo marcaba el final del partido, también el final de la sequía, marcaba el final de dos años sin títulos y el de esas noches cabizbajas.

El Real Madrid era campeón de la Copa del Rey.

Campeón tras 120 minutos de infarto. Campeón tras 120 minutos de fútbol puro y guerra táctica. Campeón tras 120 minutos en que sobrevivir era tan difícil como reinar. Campeón tras dos años en blanco, dos años en los que su mayor rival había rozado la perfección histórica; el Barça había coleccionado trofeos como quien colecciona amaneceres... y el Madrid, mientras tanto, había coleccionado heridas. Pero si algo sabía yo, si algo sabía mi padre, si algo sabía el madridismo entero... es que a este club no se lo remata hasta que el árbitro lo declara muerto. Y aquel día, en Mestalla, no murió.

Renació.

Cristiano se dejaba caer de rodillas en el césped unos segundos antes, Ramos saltaba, Casillas respiraba por fin, Arbeloa levantaba el puño, Xabi sonreía con el control del mediocampo en la memoria, y el banquillo explotaba como si un volcán dormido durante años decidiera por fin rugir. Las botellas de agua volaban por el aire, los abrazos eran fuertes, eternos, sinceros. Mourinho, ya de pie, apretaba los puños como quien no celebra un título... sino que lo conquista. Y los jugadores, exhaustos pero orgullosos, levantaban la mirada al cielo como diciendo: «Por fin».

Y en casa, os prometo que la explosión fue aún más grande. Mi padre se levantó del sofá como si lo impulsara un resorte invisible, la cerveza ya olvidada, la garganta resucitada, los ojos húmedos, pero de felicidad pura. Yo salté con él, grité con él, celebré con él. Porque aquel título no solo era del Madrid, también era nuestro, también era suyo y de un salón donde el fútbol siempre fue más que deporte: fue herencia. Se unió mi madre al júbilo y mi hermana se retiró a su cuarto. Gritábamos «¡CAMPEONES!» como si el techo no existiera, como si la calle entera fuera la grada, como si los 120 minutos de sufrimiento se hubieran comprimido en un solo cabezazo de fe..., el de Cristiano, nuestro héroe de aquella película que al final sí tuvo final feliz.

Un trofeo que volvió a las vitrinas del club blanco. Un trofeo que volvió a nuestras manos abiertas en el sofá. Un trofeo que nos devolvió el orgullo, la fe y la voz.

Y si algo aprendí esa noche exacta y el día que escribí estas líneas también con el corazón latiendo, es que los clásicos no solo se juegan.

Los clásicos se viven.

Y el Madrid, aquella noche del 20 de abril de 2011, volvió a vivir.

La Copa ya era nuestra, pero el fútbol, cuando quiere ser inmortal, no se conforma con los finales solemnes. A veces, añade giros que parecen escritos por el destino con una sonrisa traviesa. Y el protagonista de uno de esos instantes imposibles fue, cómo no, Sergio Ramos. Campeón, capitán de alma, símbolo de la fe que nunca se arrodilla. El Madrid salió a celebrar por las calles, rumbo a la Cibeles, con el pueblo blanco vibrando como una marea humana imposible de contener. El autobús avanzaba lento, escoltado por bengalas, cánticos y ese rugido colectivo que solo nace cuando la victoria duele antes de sanar.

Fue entonces cuando Ramos quiso alzar la Copa como si sostuviese un estandarte de guerra, un trofeo conquistado en un campo y en el corazón de todos los que lo vivieron. Pero en ese preciso segundo, el guion cambió. La Copa, caprichosa, escapó de sus manos, besó el asfalto... y el propio autobús del campeón, enorme, pesado, insensible a la poesía del momento, la terminó aplastando bajo las ruedas. Un estruendo metálico, un silencio súbito en la avenida y miles de rostros mirando al suelo como si se hubiese caído un mito..., porque, en parte, así fue.

Pero Ramos, con esa mezcla única de chulería romántica y madridismo quijotesco, no aceptó el relato oficial. Se giró hacia las cámaras, hacia el mundo, hacia la historia, y dijo con la convicción del que nunca se rinde ante el ridículo: «No se me cayó... La Copa cobró vida y quiso celebrar ante todos los madridistas». Y ahí, justo ahí, sin quererlo, se convirtió en eterno. Porque el héroe no es el que nunca falla, sino el que convierte incluso su tropiezo en leyenda. En casa, mi padre y yo nos miramos y rompimos a reír. Vergonzoso no fue…, mágico tampoco…, pero legendario, desde luego. La capital celebraba igual, la fe seguía intacta, y la copa, aunque maltrecha, ya había cumplido su propósito: formar parte de un recuerdo que no se puede repetir ni olvidar.

Y como si no fuera suficiente, el fútbol quiso ponerle la última pincelada a la escena: el trofeo, ya pisado y abollado, ya convertido en símbolo de resiliencia accidental, sobrevivió lo justo para llegar a la plaza sagrada…, pero no para conservar su forma original. Aun así, ¿quién iba a decirle a Sergio Ramos que no celebrara? Nadie. Ni el metal, ni el ruido, ni el shock…, porque esa noche, la fe no solo cabeceó la corona… también la llevó de rodillas hasta el altar del madridismo.

El madridismo salió de Mestalla con la Copa en alto y el corazón inflamado. La victoria era real, el trofeo era nuestro y durante unos días la ciudad respiró ese aire raro de los campeones que han sufrido demasiado para celebrar con moderación. Pero el fútbol, siempre cruel y maravilloso a la vez, no concede treguas largas a los que viven del dramatismo. Apenas una semana después del éxtasis de la Copa del Rey, la agenda nos devolvía a la competición más exigente de todas: la Champions League. Y no a una eliminatoria cualquiera, no a un rival más. Nos esperaba, otra vez, el espejo que nos obligaba a mirarnos sin filtros, el club que se había convertido en némesis de toda una generación blanca: el F. C. Barcelona.

El 20 de abril levantamos la Copa. El 27 de abril nos jugamos el alma. Siete días. Una eternidad emocional. Un pestañeo histórico.

La semifinal de la Champions traía consigo un relato imposible de ignorar: el campeón de la Copa del Rey contra el líder del sextete, la capital contra Cataluña, Mourinho contra Guardiola, pero, sobre todo, la fe contra la perfección. Dos equipos que ya no se enfrentaban solo por táctica o títulos, sino por narrativa, por legado, por la necesidad casi literaria de demostrar quién podía escribir la línea definitiva de aquella temporada que parecía un libro sin última página.

La previa era un campo minado porque el Madrid llegaba con orgullo recién curado, pero también con cicatrices abiertas. Y el Barça llegaba con un fútbol que no solo ganaba partidos, los dictaba; los imponía y narraba él mismo con pases al primer toque que parecían frases completas antes de que el rival pudiera articular respuesta. Un equipo que convertía la posesión en dominio psicológico, el toque en hipnosis colectiva, y la calma en control absoluto del relato.

Pero si algo habíamos aprendido los blancos en los últimos años era que en el Bernabéu no se muere sin pelear, que el golpe final nunca está escrito hasta que el árbitro lo decide, que incluso cuando el rival parece perfecto, siempre hay un resquicio para el caos, para el detalle, para el cabezazo, para el milagro... para la historia.

Y aun así, esa semifinal tenía dos actos marcados con fuego en el calendario y en la memoria de todos:

27 de abril de 2011: Primer asalto en el Santiago Bernabéu

5 de mayo de 2011: La vuelta, la sentencia, la noche en la que el F. C. Barcelona volvió a ser verdugo y el Camp Nou, ring, escenario y juicio final.

Esas dos fechas no solo definirían quién iría a la final de la Champions, también quién se quedaría con el relato dominante del año. Un relato que seguiría escalando y no se apagaría con el pitido final, sino que se convertiría en rivalidad eterna y explotaría en la prensa, la selección, los banquillos y en la cultura popular del fútbol moderno.

Pero no quiero destripar la historia.

Eso, queridos lectores, es otro capítulo.

El siguiente capítulo, el que viene ahora.

Porque la Copa la ganó el Madrid. Sí. Pero la guerra… La guerra aún no había terminado.

Curiosidades

⚽ Fue el primer título de Mourinho con el Real Madrid.

⚽ El Madrid cortó una racha de dos años sin títulos oficiales.

⚽ Cristiano Ronaldo fue nombrado el hombre más decisivo de la final por su gol en la prórroga.

⚽ Ese fue el segundo gol de Cristiano al Barça en prórroga en su carrera.

⚽ La posesión fue claramente del Barcelona (alrededor del 65–70 % durante el partido).

⚽ Tras ganar la final, Sergio Ramos dejó caer la copa desde el autobús en la celebración en Madrid, y el autocar la pisó accidentalmente.

⚽ Ramos bromeó después con la frase: «No se me cayó... La copa cobró vida y quiso celebrar ante todos los madridistas».

⚽ El titular más repetido en prensa española fue: «Cristiano corona al rey en la prórroga».

⚽ También se destacó el contraste entre: «El Barça dominó la pelota, el Madrid levantó la copa».

6
Clásicos de Champions

El fútbol rara vez te concede una revancha inmediata. Sin embargo, cuando lo hace, casi siempre llega cargada de simbolismo, como si el destino quisiera asegurarse de que el golpe —ya sea a favor o en contra— queda grabado para siempre. Solo siete días antes, el Real Madrid había levantado la Copa del Rey en Mestalla con un cabezazo imperial de Cristiano en la prórroga. Una coronación ganada a pulso, a corazón abierto tras dos años en los que el orgullo madridista había tenido que aprender a sobrevivir sin trofeos. Recuerdo cómo lo celebramos en casa: mi madre dejó el refresco en la mesa y alzó los brazos como quien celebra un milagro tardío; mi padre, con una sonrisa que parecía aliviar, además de la victoria, el peso de tantas noches frustradas, golpeó el aire con el puño como si la Copa también fuera suya, aunque la hubiera visto desde el sofá. Yo no hablaba: gritaba. Gritaba emocionado de volver a ver a mi Madrid conquistar un trofeo.

Esa noche, el madridismo había recuperado algo más que un título: había recuperado la fe. Y cuando el Madrid la recupera, se convierte en un animal impredecible, peligroso, incluso cuando la lógica parece dictar lo contrario. Por eso, aquel 27 de abril y el 5 de mayo no iban a ser simplemente las semifinales de la Champions League. Eran los dos últimos asaltos de una guerra iniciada meses atrás en ruedas de prensa, en entradas al tobillo, en miradas al escudo, en libretas llenas de fórmulas para detener a lo imparable. Dos asaltos entre dos mundos: el Barça de Guardiola, que jugaba como si el balón obedeciera leyes distintas, y el Madrid de Mourinho, que defendía con rabia la única verdad que conocía: a los blancos no se los gana sin sufrir las consecuencias.

El ambiente, tanto en el estadio como en casa, era eléctrico y solemne a la vez, esa mezcla rara que solo da un clásico cuando todavía no sabes si estás a punto de vivir una noche legendaria... o una tragedia difícil de contar. Mi padre miraba la pantalla con ese brillo silencioso de quien confía pero no se atreve a decirlo en voz alta por miedo a romper el hechizo. Mi madre observaba serena, pero sin poder ocultar esa tensión nerviosa que delata a quien también siente el fútbol, aunque no lo viva al mismo volumen. Y yo... yo estaba atrapado entre la ilusión del campeón reciente y el presentimiento incómodo de que el rival que teníamos enfrente no era uno cualquiera: era un huracán vestido de azulgrana que venía a reclamar su propia corona europea.

Aquella noche, antes del pitido inicial, todos creíamos en algo distinto; unos, en la perfección, otros, en la resistencia. Pero en mi casa —incluso mi hermana culé, que miraba divertida desde la esquina—, sabíamos que solo había una certeza innegable: el clásico no es un partido. Es un capítulo vivo que nunca deja de escribirse... Y nosotros estábamos a punto de presenciar el siguiente párrafo de la historia.

Era una noche europea. No cualquier noche, la ida de unas semifinales de la Champions, el último escalón antes del Olimpo del fútbol. El 27 de abril de 2011, el Santiago Bernabéu, más que un estadio, era un coliseo, un templo antiguo preparado para el juicio final. Las gradas vibraban con esa intriga que solo generan los partidos que valen una era. Siete días antes, el Real Madrid había levantado la Copa del Rey en Mestalla, ganándole al mismo rival en una final abrasadora. La euforia aún no se había apagado del todo, pero el eco del 5-0 en el Camp Nou seguía siendo una cicatriz fresca. Ahora, el destino les daba otra cita. Esta vez, por un boleto a la final más grande de todas.

Los jugadores salían al campo en formación ceremonial, alineados sobre la banda para la foto oficial mientras sonaba el himno. La cámara barría rostros tensos, ojos cargados de historia, cuerpos preparados para la fricción. El Madrid aparecía vestido de blanco, puro y so-

---

Alineaciones titulares

Real Madrid (4-3-3)
Casillas; Arbeloa, Sergio Ramos, Albiol, Marcelo; Pepe (expulsado por roja directa en el minuto 60), Xabi Alonso, Lass Diarra; Di María, Özil (relevado por Adebayor en el 46), Cristiano Ronaldo.

F. C. Barcelona (4-3-3)
Valdés; Dani Alves, Piqué, Mascherano, Puyol; Xavi Hernández, Busquets, Keita; Pedro (relevado por Afellay en el minuto 71), Villa (relevado por Sergi Roberto en el 90), Messi.

Goles

Messi — min 75
Messi — min 88

lemne, como siempre. El Barça, blaugrana, orgulloso, campeón del mundo, sin esconder jerarquía ni heridas.

En la pantalla, por fin, se revelaban los once guerreros. El Real Madrid, dispuesto en un 4-3-3 flexible, casi vivo, planteado por Mourinho como quien despliega un plan de guerra, más que un dibujo táctico.

Casillas, guardián bajo palos, último santo de un credo que esa noche iba a ser probado hasta la herejía. En la defensa, Arbeloa a la derecha, calculador y táctico; Marcelo a la izquierda, relámpago brasileño al que el partido obligaba a pensar más de lo que debía correr. En el centro, Sergio Ramos y Raúl Albiol, una pareja de choque, coraje e improvisación, porque en semifinales no hay tiempo para tibiezas, solo para la verdad. Por delante, como ancla del mediocampo, Pepe, reconvertido a pivote no por casualidad sino por necesidad: el plan era claro, romper la salida rival, incomodar el primer pase, destruir el orden antes de que naciera. A la izquierda del círculo, Xabi Alonso, la pausa entre la metralla; a la derecha, Lass Diarra, músculo incansable que debía sostener el centro del campo como quien tapa grietas en un dique que se desmorona. En la banda izquierda, Di María, viento puro y sacrificio; por la derecha, Özil, flotando más por dentro que por fuera, moviéndose como ajedrecista libre, asociándose como creador más que finalizador. Y arriba, en punta, Cristiano Ronaldo, pero no fijo, nunca fijo: cayendo a banda derecha, arrancando desde la libertad que solo se otorga a los que cargan coronas invisibles en la espalda.

El F. C. Barcelona, por su parte, también salía con su 4-3-3 de gala, el mismo esquema de dibujo que un año antes…, pero otro equipo, otra alma. Bajo palos, Valdés; ya no estaba Pinto, ya no era final copera, sino Champions pura. En el lateral derecho, Dani Alves, bala sin freno; en el izquierdo, Carles Puyol, capitán del orgullo, del coraje, del alma que no se negocia. En el centro de la zaga, Mascherano y Piqué, músculo, templanza y jerarquía joven que ya parecía veterana. En el mediocentro, Busquets, dueño del primer pase y del ritmo, jugando a ver el futuro antes de que sucediera. En el interior derecho, Xavi Hernández, metrónomo y director; por la izquierda, Keita, equilibrio silencioso que sostiene la balanza. Arriba, por la derecha, Pedro; por la izquierda, Villa… Pero el centro del ataque, el epicentro de la amenaza, era para uno y solo uno: Leo Messi, esta vez no como falso nueve puro, sino como espectro libre, dueño de todos los carriles, sin restricciones, sin jaula táctica posible.

El Bernabéu rugía antes de que rodara el balón. Y no era grito de fe, era casi oración. Porque todos lo sabían, aunque nadie quisiera decirlo en voz alta: esta semifinal no solo iba de fútbol. Iba de historia, de orgullo, cicatrices y coronas. Y de una rivalidad que esa misma noche… aún no había terminado de nacer.

Faltaba un cuarto para las nueve de la noche, hora sagrada del fútbol europeo. El Bernabéu respiraba una atmósfera distinta, espesa, casi eléctrica. Más de setenta y un mil almas llenaban el estadio, un océano blanco que no solo hacía ruido: imponía presencia, jerarquía, destino. Era una noche espectacular, una de esas en las que el cielo de Madrid parece diseñado por un guionista de cine que no conoce la palabra «mesura». Las luces caían sobre el césped como focos divinos, pero lo que se esperaba como un recital de goles y urgencias… empezó como un combate más estratégico que visceral.

Porque sí, se jugaban las semifinales de la Champions, pero también era un duelo de ajedrez con tacos. Dos equipos que venían de golpearse días antes en Mestalla, pero que ahora parecían entender algo: perder aquí no era una opción, pero recibir daño primero podía ser fatal. Y entonces el partido no tuvo dueño en la posesión ni en la épica ofensiva, sino en el miedo compartido a perder el control emocional. El Madrid no quería conceder un contraataque que le partiera el alma como había hecho el 2-6 dos años antes. El Barça, consciente de que la vuelta sería en su campo, en vez de salir a rematar, salió a sobrevivir. Era una tregua tensa: más para protegerse que para golpearse, más para medir que para desbordar.

El encuentro transcurrió sin un carrusel claro de ocasiones. Hubo fútbol, claro que lo hubo —porque cuando tienes a nombres como Cristiano, Özil, Messi o Xavi en el campo, el balón siempre encuentra poesía—, pero no fue una oda al gol, sino a la fricción, al choque, al detalle mínimo. Había disputas constantes, pero no eran celebraciones, eran declaraciones territoriales: «Yo estoy aquí, tú no vas a pasar». Un clásico más físico que técnico, más batalla de trincheras que guerra relámpago. Los minutos se consumían y el marcador seguía intacto, limpio, casi desafiante: 0-0.

Y llegó el descanso. Sin grandes escenas, todavía sin portadas escritas, sin héroes claros más allá del rigor táctico.

En casa, sin embargo, el partido era una tormenta interior. Mi padre y yo lo vivíamos como siempre: corazón en la garganta y uñas como damnificados de guerra. Lejos de calmarnos, el 0-0 nos hacía agarrarnos a una certeza que entonces tenía peso reglamentario y casi metafísico: un gol fuera de casa todavía valía doble. Y eso, aunque nadie lo celebrara, suponía un pequeño triunfo silencioso para los nuestros. No habíamos marcado, cierto, pero ellos tampoco. Y en una eliminatoria tan cerrada, ese detalle podía valer un universo entero. Mi padre, cerveza en mano —ya vacía desde hacía rato—, lo resumía sin querer con una frase que olía a verdad: «No ha pasado gran cosa, pero al menos no nos han marcado… y eso ya es algo».

Y es que, aunque la vuelta fuera en el Camp Nou, el Madrid aún seguía vivo. No estaba ganando, no estaba goleando…, pero respiraba. Y en la Champions, a veces, seguir respirando es el primer paso para volver a creer.

El descanso apenas nos había dado aire cuando, de repente, el partido explotó donde nadie lo esperaba: en los banquillos. En ese territorio que no suma a la estadística pero sí al relato emocional, la tensión acumulada reventó como un trueno. Lo que había sido fútbol contenido se transformó en un circo de orgullo herido y testosterona desbocada. Los cuerpos se empujaban, las manos se agarraban, los brazos tiraban con rabia y las voces se mezclaban en un griterío imposible de descifrar desde la retransmisión. No había una discusión, sino una trifulca vergonzosa, una de esas que te hacen pensar que el balón era lo menos importante en ese instante.

Ayudantes técnicos, suplentes, preparadores físicos... todos atrapados en la tangana. Empujones secos que no tenían nada de amistosos. Agarrones que parecían buscar algo más que un freno: parecían querer sacudir la dignidad del otro. Golpes en el aire que no llegaban a destino por pura suerte o porque el caos no entendía de precisión. Mourinho se levantaba indignado, Guardiola respondía con ese gesto frío de quien sabe que ha tocado un nervio profundo... y los demás intentaban separar lo imposible, porque cuando la rivalidad se enciende, no hay protocolo que la contenga.

En casa, mi padre y yo nos mirábamos incrédulos. Porque sí, en el campo no habían llovido goles, pero en los banquillos llovían manos, hombros y orgullo mal encajado. Mi madre se acercó corriendo porque no daba crédito a lo que veían sus ojos. Hasta para ella, que no estaba enganchada a la tabla ni al sistema, aquello fue demasiado evidente: vergüenza ajena convertida en espectáculo no deseado.

El Bernabéu silbaba al verlo. La grada no pitaba un resultado, pitaba el sinsentido, la falta de compostura, el dolor de una rivalidad que, más que rivalidad, era guerra declarada. Y nosotros desde casa, sin movernos del sofá, entendimos que lo que estaba naciendo allí no era fútbol… era historia caliente, cruda y peligrosa. Porque sí, aún no se habían roto las porterías, pero se estaban rompiendo los códigos. El partido se reanudaría, pero el respeto ya había salido sustituido sin pedir cambio.

Y sin saberlo todavía… aquello solo era el prólogo de un capítulo aún más oscuro.

El partido se reanudó tras el descanso con una atmósfera más pesada que el propio marcador. La semifinal, que ya era de por sí una batalla táctica y emocional, comenzó a transformarse en un duelo de nervios tensados al límite. El Real Madrid intentaba avanzar, pero cada metro parecía costar el doble, cada pase llevaba un riesgo implícito y cada recuperación del Barcelona venía acompañada de un murmullo inquietante en la grada. La lluvia no caía esa noche, pero la sensación era que el cielo también contenía el aliento.

Llegó el minuto 60 y el duelo cambió para siempre. Pepe, en un intento desesperado por imponer presencia en el centro del campo, se lanzó con una entrada durísima sobre Dani Alves. No fue un choque cualquiera: fue un instante congelado, un silencio cortado de raíz por el silbato, un árbitro que no dudó ni un segundo antes de sacar directamente la tarjeta roja. En el campo se desató la incredulidad: brazos abiertos, protestas al aire, un Pepe que negaba con la cabeza sin comprender el veredicto y un Mourinho que saltaba del asiento como si le hubieran pisado el alma. Las cámaras enfocaban al portugués gesticulando, señalando el césped, gritando al cuarto árbitro, incapaz de aceptar que aquel acto de supervivencia acabara convertido en expulsión. Y aunque hoy el recuerdo colectivo intente reescribir si hubo o no contacto, si rozó balón o pierna, si tocó piel o vacío…, lo único innegable es esto: la entrada era tan peligrosa que, si hubiera conectado, habría hecho daño de verdad. El árbitro no castigó el golpe, castigó el riesgo. Y a partir de ahí, el Barcelona entendió que el partido no era solo ganable: era el momento de apretar el puño definitivo.

Tras la expulsión, el Barça se volcó hacia delante con una determinación casi divina. Ya no tocaban por tocar: tocaban para avanzar, para desgarrar y herir, para cerrar una historia que solo ellos podían narrar con balón. Afellay recibió en banda, encaró a Marcelo, lo superó con un cambio de ritmo que lo dejó sin sombra y, llegando a la línea de fondo, sirvió un centro venenoso, raso, exacto, mortal en su intención. Allí, sin necesidad de elevarse ni dramatizar, apareció Leo Messi para empujar el balón al fondo de la red. Era el 0-1. Minuto 75 y el Bernabéu quedaba en shock, pero no había tiempo para lamentos. Porque cuando Messi aparece, no te da tiempo a procesar el primer golpe antes de recibir el segundo.

Y así fue. A falta de dos minutos para el final, Messi controló el balón en medio campo y se la cedió a Busquets. El centrocampista culé, de espaldas, rozó el balón en corto con un toque tan sutil que parecía imposible, casi imperceptible, pero suficiente para habilitar la jugada. Esa se convertiría en la asistencia más famosa de Sergio Busquets. Messi lo leyó antes que nadie, recogió el cuero y comenzó un eslalon hipnótico de más de veinte metros. Dejaba atrás a media defensa del Real Madrid. La grada empezaba a murmurar el mismo pensamiento al unísono: «Esto acaba en tragedia». Messi avanzaba como quien recita un destino aprendido, como quien ya ha visto esta película demasiadas veces, y con un golpeo seco al balón con la derecha, cruzado al segundo palo, batía a Casillas, que se lanzó hacia donde pudo, pero ya sin milagros suficientes en la recámara para frenar lo irremediable. Era el 0-2, un marcador que no solo dolía y pesaba, que no solo golpeaba la semifinal…, era el golpe que prácticamente dictaminaba el destino de la eliminatoria.

En la grada se oía la incredulidad, pero en casa, mi padre y yo apenas respirábamos. No era solo fútbol: era la confirmación de que cuando el Barcelona encontraba su versión perfecta, resultaba imposible competirla, incluso con la moral reforzada de días atrás. Ese 4-1 en Liga, esa Liga ganada después del 0-3, esa sensación de redención de 2007…, todo parecía historia pasada cuando Messi decidió escribir un nuevo capítulo sobre el mismo césped.

Mourinho no se movía de su silla. Cristiano se llevaba las manos a la cabeza, incapaz de aceptar que aquel combate pudiera estar escapándose tan rápido. Florentino y Sandro Rosell, serios en el palco, parecían saber que esa noche se estaba escribiendo historia pura, historia pesada, historia amarga para uno, perfecta para otro.

Y en la sala de prensa, tras el pitido final, llegó la explosión definitiva. Mourinho no gritaba, no se desahogaba, no preguntaba a la ligera. Rugía con el alma entera convertida en pregunta: «¿Por qué? ¿Por qué expulsan a Pepe? ¿Por qué no marcan cuatro penaltis en un partido contra el Chelsea? ¿Por qué expulsan a Thiago Motta? ¿Por qué expulsan a Van Persie? ¿Por qué? ¿Por qué? ¿Por qué?». La misma palabra repetida como un eco roto, una y otra vez, como quien no entiende el relato pero sí la magnitud del golpe.

Porque sí, el Barcelona asestó un golpe casi mortal en la eliminatoria…, pero Mourinho asestó el golpe definitivo a la narrativa de la rivalidad. Ya no era un entrenador defendiendo un partido: era un hombre defendiendo una idea, un club, un orgullo. Y aunque esa semifinal todavía tendría acto de vuelta en el Camp Nou, el destino ya parecía claro…, al menos, para esa noche.

Curiosidades

⚽ Expulsión polémica de Pepe en el minuto 60 por una entrada sobre Dani Alves, dejando al Madrid con diez jugadores.

⚽ Mourinho fue expulsado también después del minuto 90 por protestas al cuarto árbitro.

⚽ Fue uno de los clásicos más disciplinados tácticamente del Barça de Guardiola en el Bernabéu.

⚽ El 0-2 fue la primera vez que Guardiola ganaba en el Bernabéu en eliminatoria europea.

⚽ Messi se convirtió esa noche en el primer jugador en marcar un doblete al Madrid en semifinal europea de la Champions.

⚽ El Madrid no logró ni un disparo entre los tres palos hasta el minuto 52.

La Copa del Rey nos había dado oxígeno, sí, pero no una cura para el miedo. Llegábamos a la vuelta de la semifinal con un 0-2 clavado en el alma, sabiendo que para soñar con la final necesitábamos ganar por dos goles como mínimo… y, aun así, solo serviría para igualar la eliminatoria. La misión olió a imposible desde el minuto en que el Barcelona nos obligó a creerla. Recuerdo a mi padre sentado a mi lado, sin esconder la preocupación, frente a la pantalla como quien mira una tormenta desde la ventana sabiendo que no puede frenarla. Yo intentaba disfrazar el nervio con bromas, pero las manos no mentían: me temblaban. Mi madre, menos teatral pero igual de pasional a su manera, pasaba por detrás cada tanto, resoplando, murmurando oraciones improvisadas a todos los santos que conocía y a alguno más inventado sobre la marcha. Y es que no solo se trataba del resultado, también del contexto: el Barça venía con la confianza intacta, con la me-

Alineaciones titulares

Real Madrid (4-2-3-1)
Casillas; Arbeloa, Albiol, Carvalho, Marcelo; Xabi Alonso, Diarra; Di María, Kaká (relevado por Özil en el minuto 60), Cristiano Ronaldo; Higuaín (relevado por Adebayor en el 55).

F. C. Barcelona (4-3-3)
Valdés; Dani Alves, Piqué, Mascherano, Puyol (relevado por Abidal en el minuto 90+1); Busquets, Xavi Hernández, Iniesta; Pedro (relevado por Afellay en el 90+1), Villa (relevado por Keita en el 74), Messi.

Goles

Pedro — min 54
Marcelo — min 64

moria reciente de un Madrid que no había podido ganarles ni un solo clásico en toda la temporada salvo aquella final de Copa que necesitó prórroga, sudor y un cabezazo de fe. Ellos mismos, en cambio, llegaban convencidos de que esa noche no sería una batalla táctica sino una exhibición. Un recital. Una tormenta blaugrana de esas que no dejan paraguas suficiente.

El Camp Nou no intimidaba por su arquitectura, intimidaba por su aura. Allí no se juega al fútbol…, allí se sobrevive a él si no vistes de azulgrana. Más de noventa y cinco mil almas empujando al unísono, un equipo que llevaba meses enseñando que la pelota corría más rápido que cualquier rival, un entrenador que parecía jugar al ajedrez en la cuarta dimensión, y un tridente que convertía cada silencio en preludio de tragedia. En casa, lo confieso, estábamos acojonados. Pero no era cobardía, era respeto puro al monstruo competitivo que teníamos delante, ese miedo que solo sienten los que saben que lo que verán no es un partido normal… sino historia en combustión.

Los jugadores regresaban al césped para la ceremonia previa, alineados en la línea oficial de presentación. Las cámaras, aún con ese estilo íntimo de antaño, recorrían sus rostros como quien hojea un libro antes de escribirlo: concentración en unos, tensión en otros, historia en todos. El Barcelona mantenía su 4-3-3, el dibujo que era ya identidad, casi religión futbolística. Pero hubo un cambio: Andrés Iniesta volvía al once por Seydou Keita. No se trataba de un ajuste menor, era la vuelta del mago silencioso, el hombre que podía pausar el caos con un solo control orientado.

El Real Madrid, por su parte, llegaba obligado a reinventarse. La expulsión de Pepe en la ida y la suspensión de Sergio Ramos por acumulación de amarillas dejaban un hueco que no se llenaba con nombres, se llenaba con fe. Mourinho abandonaba el 4-3-3 de emergencia para regresar al 4-2-3-1, buscando equilibrio donde antes hubo guerra. En portería, como siempre, Iker Casillas, santo sin necesidad de canonización oficial. En el lateral derecho, Álvaro Arbeloa; en la izquierda, Marcelo. La defensa la sostenían Raúl Albiol y Ricardo Carvalho, centrales de batalla y resistencia. Por delante de ellos, Xabi Alonso y Lass Diarra formaban el doble pivote, músculo y lectura, equilibrio y supervivencia. En la derecha, Di María, extremo, interior y superviviente del guion que exigía el partido; por la izquierda, Cristiano Ronaldo, electricidad pura incluso bajo la tormenta que amenazaba. En la mediapunta, Kaká, intentando encender el fútbol entre escombros emocionales; y en punta, Gonzalo Higuaín, el hombre que aún creía que un solo golpe podía cambiar el mundo.

Eran casi las nueve menos cuarto, 20.45 marcaba el reloj, horario Champions, horario grande, horario de historia. El silbato sonó y el partido de vuelta comenzaba a rodar en el Camp Nou. La noche era perfecta en atmósfera, imperfecta en nervios. En casa no fallaba el ritual:

pizzas, refrescos y tensión de Champions, ese tipo de tensión que no se come, se respira. Y lo que respirábamos no se parecía al optimismo ingenuo, era esa ilusión peligrosa que nace cuando sabes que te juegas algo más grande que un partido... te juegas la revancha contra el destino.

El Barcelona salió a ganar en su territorio, con la seguridad de quien conoce cada brizna del césped que pisa. No venían a especular con la ventaja de la ida, venían a imponerla, a convertirla en sentencia desde el control del balón y la personalidad de su fútbol. El plan era claro: dominar, someter, desbordar, no dejar respirar al rival. Y lo consiguieron... casi siempre. Porque esa noche, como tantas otras, hubo un hombre que se negó a ser un personaje secundario en la película del caos: Iker Casillas. El de siempre, el que aparecía cuando la lógica decía «gol seguro», el que convertía lo improbable en rutina y lo imposible en conversación familiar.

La primera parte terminó 0-0. No porque faltaran ocasiones, sino porque sobraron milagros. Casillas se hizo gigante, rápido, felino, elástico, eterno. Cada llegada del Barça chocaba contra sus guantes como si la portería tuviera dueño, guardián y leyenda. El silbato marcó el descanso y los jugadores caminaron hacia el vestuario con el rostro serio, el tipo de seriedad que no nace del marcador sino del respeto ganado a base de peligro. Esta vez no hubo tanganas ni teatro lateral, no hubo heridas abiertas fuera del juego. Solo fútbol e intensidad, solo el choque de dos modelos que se miraban de frente, conscientes de que el partido no estaba decidido, solo contenido.

En casa, la preocupación era inevitable. Quedaban cuarenta y cinco minutos para intentar marcar dos goles sin conceder ni uno, y eso en la Champions no suponía un reto, era una odisea matemática que hacía temblar hasta al más optimista. El Barça había avisado varias veces, muchas, demasiadas, de maneras peligrosas e insistentes como la respiración acelerada antes de un KO. Y aun así, el marcador no se movía. Gracias a Casillas, sí. Pero también gracias a un Madrid que, aun estando acorralado, no se partió del todo. No todavía.

Mi padre y yo nos miramos en silencio. No como en ese silencio vacío del 5-0 o en ese resignado de otros años. Era un silencio distinto. El silencio de quien cree pero teme. Porque si algo sabíamos a esas alturas, era que al Barça no se lo frena apagando la tele, se lo frena en el campo… y nosotros no teníamos margen de error. Solo nos quedaba esperar, apretar los puños, tragar saliva seca y murmurarle al destino una frase que no salió en ninguna retransmisión, pero sí en cada hogar madridista: «Que no sea hoy el día que nos falte Casillas». Porque cuando Iker parpadea…, el mundo también.

El silbato de Frank De Bleeckere marcó la reanudación, y el descanso se evaporó como un suspiro breve en una sala de espera antes del juicio. Empezaba la segunda parte, semifinal de la Champions, vuelta en el Camp

Nou, y la tensión dejó de oírse como ruido de fondo para tomar el protagonismo absoluto. El Madrid necesitaba un gol para volver a creer, uno solo para encender la mecha del milagro, y Cristiano, orgulloso e incansable, parecía haber salido decidido a escribir su nombre en el destino del partido.

Apenas habían rodado unos segundos tras el pitido cuando el caos tomó forma. Cristiano recogía el balón en el centro del campo, equidistante entre ambas bandas, e iniciaba una conducción vertical, afilada, eléctrica, una de esas arrancadas que hacen parecer que el campo se estrecha y el rival se achica. Piqué salió al cruce, valiente pero obligado, y Cristiano se la echó larga hacia delante, confiando en la única ley que nunca lo traicionaba: la de su velocidad. Mascherano, unos metros más atrás, ya corría también, preparado para cubrir a su capitán defensivo, consciente de que si Cristiano encaraba la portería de Valdés, la ventaja de reacción sería una quimera para cualquier defensa del mundo.

Piqué no pudo frenarlo con el cuerpo limpio. Lo obstruyó y lo derribó. Falta clarísima. Clarísima de esas que no necesitan repetición, clarísima de esas que hasta duelen al contarlas. Cristiano cayó, y en esa caída no intencionada, el balón salió suelto hacia Gonzalo Higuaín, que aparecía habilitado, listo, con la portería de cara. Mascherano intentó corregirlo todo en un sprint desesperado, pero era tarde: el Pipita ya estaba solo, listo para definir. Y definió. Con un toque exquisito, con el interior del pie, con rosca al segundo palo, a placer, como si el mundo se hubiera detenido solo para regalarle ese segundo de gloria. 0-1. El Madrid respiraba de nuevo. Respirábamos nosotros de nuevo.

Pero Bleeckere... decidió convertirse en recuerdo eterno. Cristiano fue derribado, sí, pero en la inercia de su caída, había caído también sobre el pie de Mascherano, que iba al suelo fruto del choque y del desajuste defensivo. Una cadena de acontecimientos iniciada por una falta previa del propio Piqué; sin embargo, el árbitro interpretó el final del choque como infracción del portugués sobre el argentino. Falta para el Barcelona. Gol anulado. Y cuando digo «anulado», digo «arrancado del alma, borrado del destino, amputado de la historia en el marcador».

En casa explotamos. Mi padre y yo saltamos del sofá como si la injusticia hubiera cobrado sonido físico, como si el silbato hubiera atravesado la pantalla y caído directo sobre nuestras ilusiones. «¡Pero si le hacen falta a Cristiano!», gritábamos al unísono. «¡Y encima pitan contra él!». El fútbol a veces es injusto, sí, pero ese día lo fue con ensañamiento de villano de epopeya. Higuaín había marcado. El Madrid había golpeado. El partido cambiaba. Pero Frank decidió que no, que esa noche el guion no lo escribiría la fe sino la interpretación. La polémica. La libreta invisible del destino.

Y así, con ese 0-1 anulado, el partido siguió siendo un vendaval azulgrana que Casillas intentaba frenar con orgullo de santo, pero con la moral de los nuestros ya cada vez más herida, más gris, más cansada, más humana. Quedaban más de treinta y cinco minutos, sí, pero la sensación era otra: la de quien ha visto la luz al final del túnel... y le han apagado el generador.

Aquel gesto de Casillas quedó grabado como un grito silencioso que no necesitaba traducción. No miró a la cámara como quien posa sino como quien lanza una verdad a bocajarro, y comenzó a darse golpes en la cara, repitiendo con una incredulidad amarga: «Vaya cara, qué descaro», como si el árbitro pudiera escucharlo al otro lado del objetivo, como si España entera pudiera sentir el peso de la impotencia en su voz muda. Y razón no le faltaba. El Madrid, que llevaba semanas creyéndose capaz de resistir cualquier tormenta, veía cómo la moral se resquebrajaba por el relato que el partido había decidido imponerle, no por el rival. No eran solo goles anulados. Era la sensación de que hasta la justicia del juego estaba esa noche vestida de blaugrana.

Y cuando la fe empezaba a deshilacharse, el Barcelona apretó el acelerador del destino. Minuto 54. Iniesta, el artista que siempre parecía caminar a un ritmo distinto al del mundo, filtró un pase perfecto hacia el espacio que solo Pedro había leído antes que nadie, un pasillo nacido del desorden blanco tras el gol amputado, tras la incredulidad colectiva. Pedro controló orientado y definió sin piedad ante Casillas —que por primera vez en mucho rato no podía salvar una historia que venía escrita desde hacía unos minutos— y el balón besó la red con la naturalidad insultante del que sabe que no habrá réplica inmediata. 1-0 para los locales. 3-0 en el global.

Y allí, en ese instante, en casa, se nos cayó el alma. Porque ya no eran dos goles los que el Madrid debía anotar, eran tres. Tres sin conceder ni uno más, tres para ganar la eliminatoria al anotar un gol más que el rival fuera de casa, tres para volver a creer, tres para obligar al Camp Nou a callar, tres para soñar con una final que parecía cada vez más lejana. El Barcelona, exultante, perfecto, endiosado por la noche, se adelantaba y obligaba a los blancos a una gesta titánica: marcar tres goles para, así, ganar el derecho a seguir soñando. No era solo ganar. Era sobrevivir. Era pedirle al destino una extensión. Era reclamar que el clásico no acabara allí, que el Madrid aún tenía pulso, que todavía podía devolver el golpe. Pero mientras el estadio celebraba, la sensación era clara, nítida y demoledora: como diría yo más tarde mientras aceptaba el destino: «Esa noche el fútbol no solo quería ganarnos. Quería convencernos de que era imposible».

Con la eliminatoria empinada como un muro imposible, el Madrid no miró al reloj, miró a su historia. Apeló a esa épica que siempre lo ha acompañado y que aparece cuando las piernas pesan, cuando el ruido aprieta y la lógica dicta derrota. Diez minutos después del gol de Pedro, cuando el partido parecía querer convertirse en sentencia definitiva, Di María recuperó el balón, al paso intentó frenarlo Mascherano y Di María lo eludió con muchísima facilidad. El argentino, eléctrico como un relámpago imprevisible, encaró hacia dentro y, sin dudar, soltó un disparo con el alma en el empeine. El balón, rebelde, feroz, imposible de ignorar, reventó el poste, sacudiendo el estadio como un aviso sísmico: no había acabado la guerra. Valdés, que había volado segundos antes para intentar detener el obús de Di María, cayó al césped en el esfuerzo, quedó tendido y sin tiempo ni espacio para recomponer el cuerpo, y el rechace, capricho del destino, quedó muerto en las botas del argentino. El área era un silencio en movimiento, un lienzo vacío esperando ser manchado, y Di María lo vio claro: no el disparo, no la gloria personal, sino el pase, el acto de fe compartida. Le cedió el balón a Marcelo, tenso, raso, medido; un pase que no era un pase, era un juramento.

Marcelo disparó sin oposición, sin ruido, sin duda. La pelota no necesitó héroes que la empujaran, solo un destino que la reclamara. Besó la red sin pedir permiso, firmando el empate del honor, el empate del golpe anímico, el empate que, aunque no igualaba el global, sí igualaba algo mucho más profundo: la creencia.

1-1. Y 3-1 en el global. De repente, la eliminatoria volvía a respirar.

En casa, mi padre y yo nos miramos con la garganta seca y los ojos encendidos, porque aquel gol no solo fue un número en el marcador. Fue el recordatorio de que el Madrid no muere cuando lo tumban, muere cuando deja de levantarse. Y esa noche, Marcelo se levantó por todos nosotros, empujado por un pase que nació de Di María y por una historia que todavía no había acabado de escribirse.

El Madrid lo intentó, porque no conocía otra forma de existir. El empate de Marcelo nos había devuelto el pulso, pero no la ventaja, así que la gesta seguía exigiendo dos golpes más, dos goles más, dos imposibles que parecían reservarse solo para las noches en que el universo decide ponerse del lado blanco. Pero enfrente estaba el Barcelona, y en el banquillo, Guardiola, que no necesitaba levantar la voz para mandar: bastaba con un gesto, un susurro táctico, una orden convertida en veneno lento. No iban a rifar el balón, no acelerarían si no era necesario. Su defensa sería la posesión; su escudo, el control; su manera de matar al rival…, quitarle el tiempo.

Y así fue. El balón pasó a ser dueño y sentencia. Los pases circulaban, los minutos también. El Camp Nou había dejado de ser un estadio para convertirse en un reloj gigante que giraba sin piedad. Cada intento del Madrid chocaba con la calma estudiada del rival, una calma más hiriente que cualquier grito porque sabías que no podías arrebatársela. El partido no moría por ritmo, moría por la intención: la de congelar el juego, anestesiar el duelo, disolver la fe rival hasta convertirla en un recuerdo lejano.

El silbato final llegó con un 1-1 que sonaba a epitafio para los nuestros, pero a gloria contenida para ellos. Eliminados, sí. Dolidos, también. Pero por primera vez en años, el Madrid había vuelto a caminar entre los grandes, a pelear de tú a tú en el escenario más alto. Hacía tanto que no pisábamos una semifinal de la Champions que casi parecía una leyenda antigua, un mito de otros tiempos que nos contaban en voz baja. Fue Mourinho quien nos devolvió ese estatus, quien rearmó la mentalidad del club y nos hizo recordar que la grandeza no solo se hereda..., se impone.

Porque a partir de ahí, la historia del Real Madrid cambió de ritmo, de dimensión, de destino. En la última década y media, los blancos han disputado doce semifinales de la Champions en catorce años, una barbaridad que aún cuesta creer cuando la repito en voz alta, incluso ahora, escribiendo estas líneas. Algunas acabaron en tragedia, otras en gloria, y varias en copas de Champions que devolvieron al madridismo al lugar donde siempre creyó que pertenecía: la cima. Pero eso, como todo en el Madrid, es un relato para otro capítulo, para otra noche, para otra fe recompensada.

Porque, como dicen..., el fútbol no da tregua, pero al Madrid tampoco se la quita nadie. Y aunque aquella noche no fue nuestra, encendió la llama de algo más grande: la rivalidad definitiva, la guerra táctica, el choque de egos y filosofías que dominaría el siguiente acto del libro. Mourinho contra Guardiola. El ajedrez convertido en combate. El respeto hecho ceniza. Y el clásico, desde entonces, transformado en una historia que ya no solo se jugaba en el campo..., se jugaba en el mundo entero.

Curiosidades

⚽ El gol de Marcelo fue el único tanto que recibió el Barça en eliminatoria contra el Madrid ese curso.

⚽ Messi jugó un uno contra uno constante con Casillas en tramos del partido, y el portero ganó varios duelos directos antes del minuto 54.

⚽ Fue la semifinal con más tensión mediática de la década en España, no solo futbolística: afectó incluso a debates de la selección nacional.

⚽ El Barça eliminó al Madrid sin necesidad de ganar en la vuelta, gracias al 0-2 del Bernabéu y al valor del control de posesión.

⚽ Cristiano Ronaldo acabó la eliminatoria con cero goles en ambos partidos, su peor registro en un duelo a doble partido contra el Barça.

⚽ El Barcelona llegaría a la final y ganaría, 3-1, la Champions ante el Manchester United.

Epílogo

El clásico es eterno

El fútbol tiene una extraña manera de celebrar la vida mientras te la destroza al mismo tiempo. Es el único deporte que te hace abrazar a quien tienes al lado tras un gol y llorar en silencio minutos después, sin saber si lo que duele es la derrota o el recuerdo de haber creído. Así lo viví yo, así lo vivieron mi padre, mi madre, mi hermana y así lo vivimos millones de personas sin darnos cuenta: como quien acepta que el balón no es de cuero, sino de esperanza, de fe, de heridas y también de redención.

El clásico, esa palabra que ya no necesita apellido, no nació para ser contado..., nació para ser sentido. Durante años pensamos que era un simple partido, que era táctica, que era rivalidad, que era orgullo. Qué ingenuos fuimos. Era una fuerza mucho mayor: un espejo donde mirarte y encontrarte, donde entender que ganar no es vencer al otro, sino sobrevivir a uno mismo cuando el rival te obliga a ser más grande.

He visto al Real Madrid caminar sobre el fuego sin consumirse, aprender del dolor sin quebrarse, sostener su historia con héroes improbables, con capitanes que arengan hasta al alma del aficionado, con noches donde un gol vale más que el silencio, y silencios que valen más que cinco goles. Y enfrente, he visto al Barcelona convertir el fútbol en arte, dominar no solo el balón sino el tiempo, anestesiar estadios enteros con tres pases, hacer santo a un portero rival en el mismo momento en que lo convertían en víctima. ¿Superioridad? Sí. Pero también desafío, revolución y valentía…, porque sin un villano no existe leyenda, y sin leyenda no hay relato.

El fútbol cambió, las televisiones cambiaron, los horarios se volvieron un negocio, el romanticismo emigró a las plataformas y a los memes, los estadios dejaron de oler a churros y empezaron a oler a marketing global. Pero hay algo que ninguna era pudo borrar: yo sigo viendo el fútbol con mi padre cuando no estoy en directo, aunque ya no sea en domingo, aunque ya no suene la canción del Plus, aunque el mundo entero crea que el partido les pertenece a otros mercados. Porque la tradición, cuando es real, no se televisa…, se hereda.

Y es que al final entendí algo que mi padre ya sabía sin decirlo: el clásico no va de victorias, va de memoria. No es cuestión de goles, sino de identidad. No se trata de quién fue mejor, sino de quién quedó en pie cuando comenzó a escribirse la historia. Y cuando parecía que uno de los dos había quedado para siempre por encima del otro, el fútbol —caprichoso, sarcástico, injusto y glorioso— nos guiñaba el ojo y nos recordaba que no hay dominio sin respuesta, ni respuesta sin dominio. Por eso nos engancha, por eso nos hiere, por eso nos enamora. Porque es gigante, porque es humano, porque es imposible, y porque es nuestro.

Porque no es rivalidad. No es partido. No es historia. Es el fútbol recordándote quién eres. Y el fútbol nunca pide permiso para volver.

Y cuando el mundo se empeña en dividir, solo hay una certeza: el clásico siempre encuentra la forma de volver a empezar.

El fútbol nunca se detuvo aquella noche, ni se detuvo después. Las rivalidades pasaron de ser partidos a convertirse en historia, de ser historia a convertirse en mito, y de ser mito a convertirse en leña eterna para los bares, los estadios y los salones donde se vive el fútbol de verdad: como lo vivíamos nosotros, en casa, sin filtros, sin anestesia emocional. Aprendimos que hay unos clásicos que te elevan y otros que te arrollan, pero que todos, absolutamente todos, te transforman. Y si algo se mantuvo intacto entre goles, derrotas, tanganas y copas pisadas, fue ese vínculo sagrado que sostuve siempre con mi padre y mi madre: el del sofá, la cerveza, los refrescos, la pizza, los churros, el grito y el silencio compartido cuando el balón decide acallarnos o regalarnos un sueño. Porque al final, eso es el fútbol. No se controla. No se escribe. No se doma. Solo se recuerda.

Y el clásico, como el balón, siguió girando.

El clásico es eterno, pero el balón siempre dicta sentencia.

No se juega…, se hereda.

Agradecimientos

A mi padre, por cada clásico vivido conmigo en el sofá, por enseñarme que el fútbol se siente antes de entenderse.

A mi madre, que sufría en silencio desde lejos, quizá incluso más que nosotros.

A mi hermana, por su sonrisa pícara tras cada derrota, por recordarme que en esta casa también se vive el fútbol al otro lado.

A Helena, mi compañera de viaje, por motivarme, leerme mientras escribía y darme su veredicto cuando más lo necesitaba.

A quienes creyeron en este proyecto incluso antes de que existiera.

Y al fútbol, que no es solo un juego, sino el lenguaje que me enseñó a sentir, a soñar y a escribir.

«Para viajar lejos no hay mejor nave que un libro».

Emily Dickinson

Gracias por leer este libro.

En **penguinlibros.club** encontrarás las mejores
recomendaciones de lectura.

Únete a nuestra comunidad y viaja con nosotros.

penguinlibros.club